나도 나를 모르겠다

한 그루의 나무가 모여 푸른 숲을 이루듯이
청림의 책들은 삶을 풍요롭게 합니다.

착한 척 아무렇지 않은 척하다 보니

나도 나를 모르겠다

권수영 지음

레드박스

나는 새롭게
완성될 수 있다

"나는 왜 태어났는지 모르겠어요."

"날 진정으로 이해해줄 사람이 있을까요?"

"내 안에는 나를 지켜줄 게 아무것도 없어요."

상처 많은 과거와 인간관계 때문에 힘들어하는 이들을 상담하다 보면 이런 얘기를 들을 때가 많다. 미국에서의 임상수련 초기부터 지금에 이르기까지 지난 25년간 내가 만난 내담자들의 인종이나 나이, 성장배경은 제각기 달랐지만, 그들이 호소하는 문제를 가만히 들여다보면 비슷한 공통점이 있었다. 그들은 누구보다도 자신이 가장 사랑해야 할 자기(自己)를 잘 알지 못하고 사랑하지 않으며 제대로 지켜낼 수 없었다.

그런데 이상하게도 나를 찾아오는 내담자들만이 아니라 상담실 밖에서도 이와 같은 고민으로 아파하는 사람들을 많이 보게 된다. 왜 이런 전쟁터 같은 세상에서 좋아하지도 않는 사람들과 부대끼고 살아야 하느냐며 고통스러워하는 이들도 갈수록 점점 더 느는 것 같다. 혹시 당신도 자기 자신이 그렇게 무기력하게 느껴질 때가 있는가?

어떻게 하면 '자기'를 찾아내고 스스로를 사랑할 힘을 회복할 수 있는지, 지금까지 상담실에서 만나온 내담자들을 통해 알게 된 것들을 나누고 이야기하기 위해 이 책을 쓰게 되었다. 나는 내게 엄청난 임상 기술이 있어서 다른 사람의 삶을 변화시킬 수 있었다거나 혹은 내 지식과 학문으로 놀라운 치유의 기적을 행해왔다고는 믿지 않는다. 그런 생각은 한 번도 해본 적이 없다. 그럼에도 불구하고 상처 입은 사람들과 함께 치유와 성장을 일구는 일을 오랫동안 천직으로 여기며 해올 수 있었던 이유는 무엇일까?

　나는 내 안에 특별한 뭔가가 있고, 나와 만나 함께 변화와 회복을 경험한 이들에게도 특별한 뭔가가 있었다고 생각한다. 그 무언가가 우리를 이어주고, 말로 설명할 수 없는 놀라운 일을 만들어왔다. 그것은 바로 '영혼'이다. 나는 이 영혼의 위력을 설득력 있게 알리고 일깨우고 싶다는 당찬 바람을 갖게 되었다. 영혼이란 인간이라면 모두가 당연히 가지고 있는 것이지만 우리는 때때로 그 사실을 까맣게 잊고 살아가기 마련이기에.

　4족 보행 로봇 개발로 유명해진 보스턴 다이내믹스사가 2015년에 흥미로운 실험 영상을 공개했다. 이 회사는 세계 최고의 로봇제작사가 만든 로봇이 얼마나 놀라운 균형 감각을 가지고 있는지를 보여주고자 했다. 사냥개처럼 생긴 4족 로봇이 안정적으로 움직이고 있을 때 회사 관계자가 갑자기 로봇을 거칠게 걷어찼다. 로봇은 휘청거리다가 이내 균형을 잡았다. 결과는 성공적이었다. 이 실험 장면은 동영상을 통해 전 세계로 전송되었다.

그런데 큰 박수를 받을 거라 기대했던 로봇제작 회사는 뜻밖의 상황에 처했다. 로봇을 걷어찬 행동을 두고 비난하는 목소리가 쏟아지기 시작한 것이다. 동영상을 본 사람들은 "말 못하는 불쌍한 로봇을 이유 없이 괴롭히다니!", "로봇 학대 아닌가요?"라며 항의했고 로봇제작 회사는 예기치 못한 사과 요청에 시달려야 했다.

이 회사는 오랜 노력 끝에 두 발로 걷는 2족 보행 로봇 제작에도 성공했다. 이번에도 안정적인 직립보행 능력을 확인하는 실험이 진행되었다. 실험자는 기다란 하키 스틱으로 로봇을 밀고 넘어뜨리려고 시도했다. 그럼에도 불구하고 로봇은 균형을 잃지 않고 기어이 두 발로 지탱해내는 첨단 기술의 승리를 보여주었다. 사람들의 반응은 어땠을까? 실험 영상을 본 이들은 로봇을 방해하고 괴롭힌 실험자에게 불만을 표했다. 이 로봇제작 회사에는 또다시 사과 요청이 쇄도했다.

얼마 전에 일본의 한 승려가 수명을 다한 애완견 로봇

의 장례식을 거행하는 장면을 인터넷 동영상으로 봤다. 나는 그 영상을 보면서 오래전에 경험했던 애완견 추모예식을 떠올렸다. 20년 전 미국의 한 상담센터에서 애완견을 잃은 어느 가정의 가족치료를 담당한 적이 있었다. 상담을 종결할 무렵, 그 가족은 성직자이기도 한 나에게 애완견을 위한 기독교식 추모예식을 부탁했다. 그때 동물을 대상으로 한 예식을 생전 처음으로 진행했는데, 당시 그 가족들이 추모예식에서 흘렸던 뜨거운 눈물을 나는 아직도 잊을 수가 없다. 그런데 로봇 장례식에 참석한 사람들을 비춘 동영상을 보니 20년 전 애완견 추모예식에서 봤던 가족들의 모습과 너무나 흡사한 것이 아닌가. 사뭇 진지할 뿐 아니라, 수명을 다한 기계를 향한 애도의 감정이 진심으로 전해졌다.

이제 사람들은 기계에도 마음을 주고, 애틋한 느낌을 가지기 시작했다. 자신에게 위로를 주었던 기계가 수명을 다하자 생명을 잃었다고 여기고 슬퍼한다. 이러다 가족관계증명서에 애완견 로봇을 등재할 날이 오는 건 아닌지 모르겠다. 언제부터 사람들은 로봇에도 생명이 있고 영혼이 있다고 믿게 된 것일까?

움직이는 로봇에 생명과 영혼이 깃들어 있다고 여기는 것은 놀라운 일이다. 한데 그런 사람들이 정작 자기 자신의 영혼에는 도통 관심이 없는 것만 같다. 나는 그 점이 훨씬 더 놀랍기만 하다. 영혼을 모르고 사니 자신의 존재 가치도 모르는 채로 살아간다.

최근 초등학생들 사이에서 소위 '자살송'이 인기라고 한다. 가사를 보면 실로 섬뜩하다. "나는 밥만 먹는 식충", "매일 산소만 낭비해" 같은 자학적인 노랫말도 충격적인데 '자살'이란 단어가 몇 번이나 나오는지 모른다. 어쩌다 우리의 미래 세대는 자신이 이 세상을 살 가치가 없고 산소만 축내고 있다고 스스로를 비웃는 노래에 공감하게 된 것일까……. SNS나 인터넷 사이트에는 청소년들이 올린 자해 인증샷이 유행이라고 하니, 가슴이 무너져 내린다.

2017년 대한민국 자살률 통계를 보면 하루에 34명이 스스로 목숨을 버리고 있다. 매시간 한 명 이상이 자살을 한다는 소리인데 이제 우리는 이런 얘기를 듣고도 크게 놀라지 않는다. 사는 게 별로 즐겁지 않고, 사는 일이 죽는 일 못지않게 힘들다고 말하는 이들도 많다. 취업이 어려운 세상이다 보니 구직 청년들은 자신이 하찮은 존재에 불과하다는 좌절감을 느낀다. 사물인터넷(IoT)으로 인해 이제 사람만이 아니라 물건까지 연결하는 초연결성의 세상에서 살게 되었건만, 점점 더 외로워지는 사람들이 늘고 있는 아이러니는 어떻게 설명할 수 있을는지. 이렇다 보니 혹독한 비난을 던지는 가족이나 친구보다는 차라리 기계적으로 자신을 위로하고 좋아해줄 애완견 로봇을 더 원하게 되는 것인지도 모른다.

그러나 나를 가장 안전하게 사랑하고 돌보아줄 대상은 내 안에 있다. 바로 '자기(The Self)'다. 세상에 태어난 이후 꾸준히 진화해온 자기는 배터리나 전기에너지로 충전되는 로봇과는 질적으로 다르다. 자기의 자연적 에너지는 생명의 호흡에서 비롯된다. 숨을 잘 느끼지 못하듯 '자기'의 존재를 제대로 느끼지 못하면 진짜 나를 모르고 살 수밖에 없다.

생명의 선물로 받은 숨 그리고 자기를 완성해가는 '영혼'이 나를 새롭게 만들고, 그 기회는 누구에게나 주어져 있다. 영혼으로 인해 나는 나의 주인으로 살 수 있다. 그리고 나의 영혼은 나와 긴밀하게 연결된 타인과 이웃을 상상하게 만들고 내가 사는 세상, 더 나아가 우주의 주인공으로 살 수 있도록 돕는다.

나는 당신이 이 책을 읽으면서 가족과 친구, 이웃과 신(神)을 연결하게 만드는 영혼의 신비로운 힘을 과학적으로 이해하고, 좀 더 구체적으로 경험할 수 있었으면 좋겠다. 마지막 장을 덮는 순간엔 당신이 우주의 단 하나뿐인 '자기'를 향해 떠나는 축제의 주인공이 되는 모습을 내 영혼의 힘을 빌려 상상해본다.

2018년 가을
연세대 연구실에서
권수영

| 차례 |

3부
나를 숨 쉬게 하는 가슴의 기술

○

1부

우리는 무엇을 잃어가는지 모르고

써먹을 것인가,
썩힐 것인가

하루에 한 번 이상은 거울을 들여다보게 된다. 거울을 전혀 보지 않고 사는 사람도 있을까? 있을 수 있다. 당최 자신의 방에서 나오지 않는 사람은 거울을 볼 일이 없다. 밖에 나가질 않으니 머리를 감을 필요도, 정성 들여 화장을 할 이유도 없다. 눈곱을 떼지 않고 옷을 걸치지 않아도 보는 이가 없으면 내 모습이 부끄러울 리 없다. 별로 궁금하지도 않다.

하지만 내 방을 나올 땐 내가 달라지게 된다. 방 밖에 가족이 있으면 속옷 바람으로 나올 수도 있지만 만약 손님이 있다면 얘기가 달라지는 것이다. 내 방 밖의 세상은 나를 판단할 남들로 가득하다. 누구를 만나느냐에 따라 나는 완전히 다른 모습의 내가 된다.

태어나기 전부터 내재된 거울

사실 우리는 거울 없이도 자신을 볼 수 있다. 다른 사람들을 통해 내가 보이기 때문이다. 가족을 통해 자신을 보고, 내가 속한 단체에서 자신을 보게 된다. 그러니 수없이 많은 거울을 겹겹이 지니고 사는 셈이다. 내가 만나는 타인들이 내 마음의 거울 속에 비추인 자화상을 만들어간다. 타인이라는 거울에 비친 상은 화장실 거울에 비친 내 모습과는 전혀 딴판일 때가 많다. 게다가 다른 사람에게서 비춰보는 내 모습은 돌변하기 일쑤다. 직장 상사 앞에서 지극히 유순하다가도 모르는 사람 앞에서는 거칠게 굴 때가 있다. 때로는 한 시간에도 몇 번씩 완전히 다른 내가 내 안에서 돌출한다. 진짜 나는 어디에 있는 걸까?

진짜 나를 '자기(The Self)'라고 부른다면, 이 '자기'는 타인에게 보이기 위한 나도 아니고, 타인으로 인해 돌변하는 나도 아닐 것이다. '자기'는 거울로 비춰보는 모습이나 타인의 평가와는 무관하게 내 안의 깊숙한 곳에 존재하는 불변하는 모습일지도 모른다. 그렇다면 이러한 자신만의 '자기'는 어떻게 만날 수 있을까?

우리가 태어났을 시점으로 돌아가보자. 태어날 때부터

우리 안에는 마음의 거울이 있었다. 아니, 태어나기도 전에 이미 각자에게 거울이 하나 있었을 것이다. 나는 이를 인간의 '내재된 거울(innate mirror)'이라 부르고 싶다. 우리는 이 내재된 거울을 통해 생애 최초로 누구를 비추어 보았을까? 자기 자신의 모습? 아니면 자신을 품고 있는 엄마의 모습? 갓난아이가 태어나기 전에 엄마 배 속에서부터 사람의 얼굴을 인식할 수 있다면, 이는 분명 초능력일 것이다. 엄마의 배 속에서 밖을 꿰뚫어보는 투시안이 없으면 절대로 불가능한 일이 아니겠는가.

재미있는 실험이 있다. 단 한 번도 사람을 본 적이 없는 갓난아이들에게 몇 장의 사진을 보여주었다. 이미지를 조작해 눈, 코, 입을 저마다 다르게 배열한 얼굴 사진이었다. 양 눈이 가운데 모여 있게도 하고, 코가 맨 밑으로 내려가게도 만들었다. 그리고 단 한 장만 조작하지 않은 얼굴 사진을 준비했다. 갓 태어난 아기는 시력이 온전하지 않기에 어느 정도 시간이 지나서 아기들이 사진을 인식할 수 있을 만큼 되었을 때 여러 가지 사진을 보여주었다. 갓난아이가 사람의 정상적인 얼굴 사진을 알아볼 수 있었을까?

실험 결과 갓난아이들은 하나같이 정상적인 사진에만 반응했다. 조작된 사진들의 이미지가 너무 도깨비 같으니 아무리 갓난아이여도 직감적으로 거부했던 게 아닐까 하고 추측할지 모르겠다. 하지만 사람의 얼굴을 단 한 번도 본 적이 없는 아기가 제대로 된 얼굴에만 주목하고 관심을 보인다는 것은 참으로 의아하다. 상식으로는 설명이 안 된다. 뇌 과학자들마저도 증명할 수 없지만 그저 아이의 뇌 안에 이미 사람의 얼굴 형상이 기억되어 있었다고 설명할 뿐이다. 또 다른 실험도 있었는데, 갓난아이들은 성난 얼굴, 무표정한 얼굴, 그리고 환하게 웃는 얼굴 중에서 유독 웃는 얼굴에만 주목하는 반응을 보였다. 이 또한 놀랍지 않은가?

선천적으로 우리의 뇌는 사람을 특별하게 인식하고, 편안함을 주는 얼굴에 대한 원초적인 기억을 이미 가지고 있었는지도 모른다. 웃으면서 자신을 쓰다듬어준 사람들을 엄마의 배 속에서 경험했을 수 있다. 그러나 본 적은 없다. 그런데도 엄마 배 속에 있을 때부터 자신에게 사랑을 준 사람의 얼굴 형상과 표정까지 파악하고 있었다면 정말 놀라운 능력이 아닌가?

우리는 태어나기 전부터 우리의 모습과 사랑하는 사람의 모습을 초감각적으로 느낄 수 있었다. 우리 안에 내재된 거울이 있었다고 가정할 수밖에 없다. 그리고 다른 사람들과의 따뜻한 관계를 분명히 기억하고 이 세상에 나왔다. 그래서 화난 얼굴, 표정이 없는 얼굴보다 자신을 받아주고 기뻐해주는 얼굴에 저절로 마음이 가는 자연스러운 능력을 가지게 되었다.

좀비가 관절꺾기를 하는 이유

어느 날 거울을 보니 내 얼굴에 갑자기 광대뼈가 튀어나오고 안면의 실핏줄이 마치 밧줄처럼 솟아올라 있었다. 그 모습에 소스라치게 놀라 소리를 질렀더니 꿈이었다. 전날 저녁에 나는 좀비가 나오는 〈부산행〉을 가족들과 함께 관람했었다. 극장에서 좀비 영화를 본 것은 처음이었는데 가족들은 꽤 만족해했고, 주변에서도 영화에 대한 호평이 이어졌다. 언제부터인가 좀비물이 부쩍 인기를 끌기 시작했다. 왜 우리는 '좀비'라는 소재에 흥미를 느끼는 걸까?

좀비는 인간과 다르다. 좀비는 인간처럼 고급스러운 생각을 하지 못한다. 사람을 보면 그저 맹수처럼 잡아먹을 듯이 달려들고 깨무는 일에만 전념한다. 인간이 눈앞에 보이지 않으면 어슬렁거리면서 어설프게 행동이 느려진다. 좀비에게 물린 인간이 차츰 좀비로 변해가는 과정은 요상하기 그지없다. 움직임도 부자연스럽다. 좀비의 트레이드마크인 관절꺾기 동작을 떠올려보라. 그때가 바로 영혼이 빠져나가는 순간일 것이다.

영혼이란 본디 몸의 갖가지 물질들을 만화영화 동작처럼 자연스럽게 움직이도록 연결시키는 힘을 의미한다. 수없이 많은 낱장의 그림들을 움직이게 하는 과정을 '애니메이션(animation)'이라고 하는데, 이는 바로 영혼이라는 라틴어 단어 '아니마(anima)'에서 비롯되었다.

우리 인간의 몸은 물과 근육, 그리고 뼈와 피 등의 온갖 물질로 구성되어 있다. 하지만 누군가에게 이러한 물질을 전부 제공해준다고 해서 인간을 뚝딱 만들 수는 없다. 하나의 생명체가 생명을 유지하려면 이 물질들이 모여서 '애니메이션'하는 과정이 있어야 한다. 이 같은 애니메이션의 에너지는 과학적으로 증명해내기가 어렵다. 그저 생명의 신비라고 할 수밖에 없다.

좀비는 희한하게도 영혼의 기능이 거의 상실된, 물질로서의 몸만 남은 존재다. 귀신과는 정반대다. 몸은 죽고 영혼만 남은 상태를 흔히 귀신이라 부르지만, 이와는 반대로 몸만 있고 영혼이 빠져나가 있으면 좀비가 되는 것이다. 좀비가 되고 나면 관절만 부자연스러운 게 아니다. 영혼이 상실된 상태에선 인간을 인간으로 비춰볼 수 없다. '내재된 거울'이 망가져버렸기 때문이다. 영화 〈부산행〉에서 좀비에게 물린 주인공은 사랑하는 딸을 인간으로 비추지 못하고 결국 해치게 되리라는 생각이 간신히 남아 있을 때 자기 자신을 희생하는 결단을 한다. 더 이상 영혼을 잃어버리기 전에 그가 선택한 '인간다운' 행동을 보면서 우리는 눈물을 흘린다.

다른 사람과 연결되는 힘

좀비가 스크린에서만 등장하는 건 아닌 듯싶다. 주변을 둘러보면 영혼이 잘 느껴지지 않는 사람을 볼 수 있지 않은가? 영혼 없이는 자신의 존재가 한낱 물질 덩어리와 다를 바 없다는 것을 모르고 사는 이들이 많다. 안타까운 일이다. 영혼이라 하면 몸에서 빠져나가 떠다니는 기운이나 에너지 정도로 생각할지 모르겠지만, 영혼이 제대로 작동하지 않으면 우리에겐 심각한 이상이 생긴다. 나 자신뿐 아니라 다른 사람을 비롯해 세상의 모든 생명체와 소통할 수 있는 '내재된 거울'이 다름 아닌 영혼이기 때문이다.

동물과 대별되는 인간의 능력은 이 마음속 거울과 깊이 연관되어 있다. 세상에 나오기 전부터 우리는 자기 자신과 타인을 따뜻하게 비춰볼 수 있는 마음의 거울을 가진 가장 '인간다운' 존재였다. 그때의 '자기'는 세상 밖 타인을 자신을 평가하는 대상이나 경쟁자로 여길 하등의 이유가 없었으리라.

하지만 그런 시절은 오래가지 않는다. 어느새 세상에는 온통 내가 이겨 먹어야 할 존재들로 수두룩하고, 나를 해칠 대상 또한 가득하다고 가정해보자. 나를 있는 모습 그대로 보듬어줄 누군가가 아무도 보이지 않는다면? 그럴 때의 나는 이미 좀비에 가깝다고 할 수 있다. 내 영혼은 내 몸의 물질성분을 움직이게 하는 기능 정도만 겨우 하고 있기 때문이다. 마음속에서 다른 사람을 따뜻하게 비춰볼 '내재된 거울'은 좀처럼 작동하지 않고 있다. 그러다 몸의 각 부분도 온갖 스트레스가 쌓여서 점점 더 뻑뻑해질지도 모른다.

영혼은 나의 몸 안에서 모든 물질적인 기능을 연결하는 애니메이션을 한다. 단순히 내 안에 있는 물질만 연결하는 것이 아니다. 내 영혼은 다른 사람들의 영혼과도 연결된다. 생명체가 가지는 놀라운 연대의식도 이 '애니메이션'의 힘이라 할 수 있다. 영혼의 내면적인 힘이 작동되는 이들은 타인을 자신과 특별하게 연결하고, 관계를 특별하게 상상함으로써 세상을 변화시킨다.

이타적인 행동을 하거나 거룩한 희생을 하는 이들은 이러한 영혼의 기능이 극대화된 상태라고 보면 좋을 것 같다. 몇 해 전 화재 현장에서 다른 사람을 구하기 위해 다시 불구덩이로 뛰어든 한 청년이 온 국민의 마음을 울린 적이 있다. 무엇이 그에게 그런 엄청난 일을 가능하게 했을까? 특별한 윤리 교육을 받았거나 아니면 오랫동안 마음 수련을 했기 때문일까? 아마도 그는 영혼이 활발하게 기능하는 온전한 인간이었는지 모른다. 그의 영혼은 다른 사람들을 민감하게 인식하는 거울의 역할을 충실히 해내고 있었을 것이다. 내가 아프면 남도 아프고, 내 생명이 중요하면 다른 이들의 생명도 소중하다는 것을 그의 영혼은 너무나도 강하게 느꼈던 것이 아닐까.

동물과 인간은 모두 진화의 원칙에 부응해 살아간다. 생존을 위해 자신의 기능을 서서히 바꿔가는 과정을 겪는 것이 모든 생명체가 경험하는 진화의 원리다. 한데 다른 동물보다 인간만이 빠르게 진화시킨 기능이 있다. 몸의 생존을 지상 최대 과제로 여겨온 여타 동물과는 달리 인간은 영혼이 놀랍게 활성화되는 존재다. 물론 지구 상의 다른 동물들 중에도 새끼를 끔찍하게 아끼고 가족이나 동료를 위해 희생하는 경우를 찾아볼 수 있다. 하지만 인간이 지닌 영혼의 기능은 자기 자신이나 가족, 집단의 범위를 초월해 인류와 생태계에 영향을 끼칠 만큼 극대화될 수 있다. 그래서 만물의 영장(靈長)이라는 말을 써도 아깝지 않다.

무엇보다 가장 놀라운 사실은 이것이다. 이 영혼의 기능을 가지고 있지 않은 사람은 단 한 명도 없다는 것. 영혼의 기능을 십분 활용하는 사람과 전혀 사용하지 않아 무용지물로 만드는 사람만이 존재할 뿐이다. 당신은 어느 쪽인가? 당신이 아는 자기 자신은 진정한 인간인가? 아니면 좀비에 가까운가?

자기를 위한
숨은 영혼 찾기

미용실에 다녀온 여자가 남자 친구에게 새로 바꾼 머리 스타일이 어떠냐고 물어본다. 남자는 본 둥 만 둥 쳐다보고 예쁘다고 말한다. 그러자 여자가 이렇게 불평한다. "영혼이 없네!"

진심이 조금도 느껴지지 않는 기계적인 반응을 일컬어 '영혼이 없다'고 한다. 영혼 없이 얘기하고 건성으로 살다 보면 내가 나처럼 보이지 않게 된다. 이쯤 되면 좀비의 예비 단계라 할 수 있다. 나를 그렇게 잘 알아주고 맞장구치던 가까운 사람에게서 핀잔 듣는 일이 많아진다.

"너 요즘 이상해. 너 같지 않아!"

남이 나를 어찌 안다고 그렇게 얘기하는 것인지, 처음에는 이해가 가지 않을 것이다. '누구보다 내가 나를 제일 잘 알지. 남들이 뭘 안다고…….' 그러나 실은 그렇지 않다. 좀비에게 물린 인간이 거울을 보지 않고는 자기 얼굴에 실핏줄이 돋는 줄 모르는 것처럼, 영혼의 기능이 현저히 떨어지더라도 정작 본인은 그 사실을 인지하지 못할 수 있다. 남들이 더 먼저 알아채는 경우가 있다.

생명의 출발점이자 종착지

영혼이 전혀 없는 상태로는 한시도 살 수 없다. 영혼이 완전히 사라져버리면 우리의 몸은 그냥 물질로만 남기 때문이다. 그래서 숨이 끊어짐과 동시에 영혼은 밖으로 빠져나가고 살점과 뼈만 남게 된다고 흔히 생각한다. 어찌 보면 영혼은 생명과도 유사한 말처럼 들린다. 기독교 성서에는 조물주가 최초의 인간 아담을 물질로 만들고 나서 그에게 생명의 입김을 불어넣었다고 쓰여 있다. 이때 생명을 주는 숨이라는 의미의 히브리어 '루아흐(ruach)'는 희랍어로 '프뉴마(pneuma)', 라틴어로 '스피리투스(spiritus)'라고 한다. 이는 '영혼'을 뜻하는 'spirit'의 어원이 되었다. '영감을 불어넣는다'라는 영어 단어 'inspire'는 입김을 불어넣는다는 의미를 가지고 있다.

서양에서만 이런 생각을 가지고 있는 건 아니다. 사람

이 죽어서 숨이 끊기면 영혼이 빠져나와 다른 세상으로 간다는 믿음은 모든 문화권에 존재한다. 생명의 입김이란 뜻의 영혼의 용례가 꼭 인간에게만 쓰일 수 있을까? 그렇지 않다. 인간과 똑같이 숨 쉬는 여타 동물에게도 영혼이 있다고 충분히 믿을 수 있다. 살아 있는 모든 생명체에 영혼은 반드시 있다. 그런데 지금 우리에게 어떤 일이 벌어지고 있는지 모르겠다. 왜 자꾸 영혼이 사라지는 듯한 느낌이 드는 걸까? 스스로 느끼지 못하더라도 주위 사람들에게 영혼 없는 사람 같다는 얘기를 듣는 이유는 뭘까? 나이가 들면 지문이 지워진다는데, 우리의 영혼도 점점 희미해지는 걸까?

영혼이 그저 숨 쉬는 기능만을 담당하는 것은 아닌 듯 싶다. 숨 쉬는 것만 중요하다면 우리가 존엄사와 같은 이슈로 고민을 하겠는가. 사는 것도 혹은 죽는 것도 그저 호흡의 유무에 달려 있는 것은 아니다. 하루를 살아도 '인간답게' 살고 죽어야 한다는 의미다.

영혼은 생리학적인 숨쉬기를 넘어서 동물을 동물답게, 인간을 인간답게 만드는 형이상학적인 기능을 담당하고 있는지 모른다. 영혼이 그저 근육 덩어리나 뼛조각의 집합을 생명체로 만드는 생물학적인 기능만 담당한다고 본다면 너무 소극적인 평가다. 영혼의 핵심 기능은 모든 생명체를 각기 존재에 걸맞게 살아가도록 만드는 것이다. 엄밀히 따지자면, 좀비도 완전히 영혼이 빠져나간 상태는 아니다. 물질적인 신체를 움직이고 생명을 유지하도록 하는 '생명의 입김'의 기능이 여전히 남아 있기 때문이다. 하지만 좀비가 온전한 인간일 수 없는 이유는 '인간답게' 살지 못하기 때문이 아닌가? 그래서 목숨은 붙어 있지만, 영혼 없이 살아 있는 상태다.

존재의 기원을 만들기도 하지만 그 존재를 완성시키는 것이 영혼임을 잊어서는 안 된다. 영혼은 인간과 동물을 숨 쉬게 하는 생명의 출발점이자, 인간을 인간답게 동물을 동물답게 만드는 생명의 종착지이기도 하다. 그런 까닭으로 살아가는 동안에라도 자꾸만 인간다움을 잃어버리면, 내 안의 영혼은 희미하게 자취를 감출 수 있다.

상대방은 단번에 알아본다

나도 가끔은 영혼이 깜빡하고 꺼져 있을 때가 있다. 그
럴 땐 분명 살아 숨 쉬고 있긴 하더라도 다른 사람의 거울
에는 내가 잠시 멈춤 상태인 것처럼 보일 것이다.

아들이 조립식 장난감을 무척 좋아하던 시절이 있었다.
하루 일과를 마치고 지친 몸으로 집에 들어서면, 아이가
유난히 복잡해 보이는 장난감 조각들을 거실 바닥에 가득
펼쳐놓고 함께 만들자고 조를 때가 많았다. 마음이 썩 내
키진 않았지만, 나는 어린 아들과 마주 앉아 아이가 설명
서를 보고 번호를 부르면 조각을 찾아주는 조수 역할을
하곤 했다. 이따금 집에 와서도 해야 할 일이 산적해 있는
날에는 그 걱정 때문에 아이의 목소리를 놓치기도 했다.

아이는 아빠가 때때로 정신이 딴 데 가 있는 걸 기막히
게 감지해냈다. "아빠, 나랑 노는 거 재미없지?" 그때마다

나는 반사적으로 응수했던 것 같다. "아니, 엄청 재미있어. 빨리 하자!" 그러면 아이는 아빠가 억지로 같이 놀아주는 것을 알아차린 듯, 놀이의 템포나 열의가 급격히 식어버렸다. "아빠, 이젠 안 해도 돼! 나 혼자 할래!" 아들이 이렇게 말하면 내심 고마워하면서 자리를 박차고 일어난 적이 얼마나 많았던가 생각해본다. 그 나이의 어린아이도 어른의 '영혼 없는' 반응을 영락없이 눈치챌 수 있다는 것이 놀랍다. 나는 왜 영혼 없는 놀이를 하고, 영혼 없는 대답을 해서 아들을 힘 빠지게 했을까?

이유는 단순하다. 나는 그때 아들과의 놀이 현장에 존재하지 않았다. 숨을 쉬고 있는 것과 존재하는 것은 다르다. 온전히 존재하는 것은 그 장소에서 현재 시간을 충분히 누리는 일이다. '지금 여기에(here and now)' 상대와 함께 존재하는 것은 생각보다 쉽지 않다. 아들과 함께 시간을 보내고 있지만, 여전히 마음속에서는 조금 전에 가르쳤던 학생들과 있을 수 있다. 집에서 아들과 같이 있어도, 나는 여전히 연구실에서 컴퓨터로 작업한 문서를 읽고 있을 수 있다. 내가 지금 여기에 존재하지 않는 것을 상대방은 분명하게 감지해낸다. 그래서 영혼이 없다고 투덜거릴 명분도 생긴다.

영혼이 전혀 움직이지 않고 묻혀 있을 때 이를 비춰줄 사람이 주위에 있다면 그나마 다행이다.

사실 여부에 관한 논란이 있지만, 1920년에 인도 콜카타에서 늑대와 함께 살았다고 추정되는 소녀가 발견되었다. 당시 8세 정도였던 소녀는 계속해서 늑대의 소리를 냈다. 그리고 사람들과 의사소통이 되지 않아 극도의 어려움을 겪었다. 주위의 다양한 노력에도 불구하고 결국 늑대 소녀는 인간이 쓰는 단어를 30개도 익히지 못한 채, 발견된 지 9년 만에 세상을 떠났다. 아주 어렸을 때부터 늑대와 함께 살 수밖에 없었던 한 소녀의 슬픈 이야기는 인간에게 자신을 비춰주는 인간 대상의 존재 여부가 인간을 인간답게 살아가게 하는 데 얼마나 중요한지를 잘 보여준다. 오랜 세월 사람을 거울로 제대로 비추어보지 못했기에, 늑대 소녀의 영혼은 본래의 역할을 수행하지 못했던 것이 아닐까?

서로 이어져 있다는 느낌

우리가 한자로 쓰는 '인간'이라는 단어는 사람 인(人)과 사이 간(間)으로 구성되어 있다. '인간'은 원래 한 사람의 개별성을 강조하는 단어가 아니다. 사람과 사람 '사이(間)'에서 인간은 더욱 인간다워진다.

내가 어린 아들과 있을 때 아들과 나 '사이'에 제대로 존재하는 방법은, 내 안에 있는 거울에 아들을 충분히 담아내는 것이다. 내 안에는 내 아들을 존재 그 자체로 비출 수 있는 영혼의 거울이 숨겨져 있다. 아들이 지금 내가 당장 해야 할 일을 방해하는 귀찮은 대상으로 여겨진다면, 나는 아들과 제대로 연결되어 있을 리 없다. 내 안에 있는 영혼의 거울이 아들을 온전히 비추지 못한 것이다. 그러면 아들도 자신과 '영혼 없이' 노는 척만 하는 아빠를 금세 발견하게 된다.

20세기 철학의 클래식이라 할 수 있는 《나와 너*I and Thou*》를 저술한 마르틴 부버(Martin Buber)는 현대인이 '나와 너'로 만나지 못하고, '나와 대상(I and it)'으로 만나게 되는 인간관계를 엄중히 경고한 바 있다. 스위스의 의사 폴 트루니에(Paul Tournier)는 의사들이 진료 중에 자칫하면 환자를 자신과 같은 인간 존재로 바라보지 못한다고 지적하기도 했다. 정형외과 전문의에게 환자는 자꾸 뼈마디로 보이고, 내과 전문의에게는 내장만 눈에 보이는 것이다. 만약 의사나 병원 경영자가 환자를 같은 인간으로 바라보기보다 수술 실적을 올릴 대상(it)으로 본다면, 얼마나 참담한 일이겠는가.

영혼의 힘이 미미해지면 나를 둘러싼 사람들은 순식간에 대상화되고 만다. 이때 내 안에서 영혼이 제대로 작동하지 않고 있음을 상대방은 바로 알아차릴 수 있다.

영혼 없이 놀이에 참여했던 아빠가 그날 있었던 일과 해야 할 일을 떠올리며 미래를 걱정하기보다는 아들과 함께하는 현재에 좀 더 집중한다면 어떨까? 아빠가 거울을 비추듯 아들이 하는 행동 하나하나에 집중하다 보면, 마치 아들 안에 들어가 있는 느낌이 들지도 모른다. 아이가 조립이 잘 안 되어서 짜증이 나면 아빠도 덩달아 속이 탄다. 어느새 아들과 아빠는 머리를 맞대고 끙끙대면서 함께하게 될 것이다. 아빠는 단순한 조수 노릇에서 벗어나 더욱 적극적으로 아들과 하나가 될 수 있다.

깊이 사랑하는 사람과는 '나와 너'의 구별이 서서히 없어지는 합일의 경험을 한다. 연인끼리 꼭 껴안고 있을 땐 영혼까지 서로 이어져 있다는 느낌을 받지 않는가. 상대방을 내 몸처럼 사랑하면, 영혼은 둘 사이에서 가장 강한 연대감을 제공하는 힘을 발휘한다. 인간에게 주어진 특별한 영혼은 신체의 각 부분을 애니메이션하는 일보다 훨씬 중요한 기능을 가지고 있다. 사람과 사람을, 즉 나와 이웃을 나와 꼭 같이 비춰내고 연결하는 일이다.

가장 인간다운 모습은 영혼이 충분히 활성화된 상태를 가리킨다. 인간다워지려면 내 경험 안에서 영혼의 기능이 잠시 동안 멈추는 일이 없어야 한다. 몸은 집에 있으면서 생각은 사무실에 가 있으면 영혼을 거의 상실한 좀비 같은 상태가 된다. 나와 다른 사람 사이에서도 마찬가지다. 영혼의 기능이 멈춰버린 내 모습을 보고 상대방이 진정성을 느끼기는 어렵다.

생명을 느끼고 나누는 호흡법

내 영혼이 상대방을 온전한 존재로 비추려면 일단은 내 몸부터 구석구석 잘 비추어야 한다. 그 기본은 바로 호흡이다. 인간의 호흡이란 스스로 숨 쉬고 있는 줄도 전혀 모르고 '영혼 없이' 할 수 있는 가장 대표적인 신체 기능이기 때문이다. 매일 꾸준히 영혼을 사용한 숨쉬기를 연습하면, 우리는 비로소 사람과 사람 사이에 인간답게 존재하게 된다.

의도적으로 숨을 쉴 때 영혼을 사용해보자. 먼저 내 영혼의 거울에 숨 쉬는 나를 비추어보는 것이다. 들숨을 쉬면서 잠시 멈추고 오늘 이 순간 생명이 내게 주어져 있음을 기뻐해보라. 들숨으로 배에 숨을 넣는 복식호흡을 하면 잠시 멈추기에 좋다.

눈을 감고서 호흡하는 것도 좋은 방법이다. 천천히 날숨을 쉬면서 영혼의 거울에 온 몸의 각 부분들을 비춘다. 호흡을 주관하는 심장과 폐를 비춰보고, 활기찬 상태의 혈관도 비춰보라. 그런 다음 내 안에 있는 모든 신체기관들이 건강하게 생명의 기운을 누리고 있는 모습을 상상해본다. 몸의 부분을 바꿔가면서 여러 번 반복한다. 이렇게 깊은 숨과 함께하는 영혼의 상상은 몸의 구석구석을 실제로 건강하게 애니메이션한다.

나는 가족력으로 인해 40대 초반부터 혈압약을 복용하기 시작했다. 5년 이상 약을 먹다 보니 복용량이 갈수록 늘었다. 약이 점점 느는 것을 우려한 주치의 선생님은 연구년으로 미국행을 하는 나에게 단단히 주의를 주면서 체중감량을 요청했다. 복용량이 계속 늘어나면 약으로 통제할 수 없는 수준이 될 수도 있다고 경고도 주셨다.

이후 나는 캘리포니아 실리콘밸리 지역에 체류하면서 아파트 마당에서 명상을 즐기는 이들을 자주 만났다. 그때 처음으로 복식호흡과 함께 특별한 상상을 시작했다. 지나고 보니 그것은 내가 생전 안 쓰던 내 영혼을 적극 사용하는 훈련이었던 것 같다. 놀랍게도 반년 만에 나는 더 이상 약을 먹지 않아도 될 정도로 혈압이 정상으로 돌아왔다.

　나 자신도 놀랐을 뿐 아니라 가족들과 주치의 선생님도 믿기 어려워했다. 물론 체중감량도 혈압을 낮추는 데 기여했을 테지만, 나는 지금까지도 매일 복식호흡을 하면서 신체 구석구석을 상상한다. 특히 혈관의 벽이 건강해지고 혈액이 활력 있게 내 온 몸을 흐르는 모습을 그린다. 여전히 나는 정상 혈압을 유지하고 있다.

　내 몸을 비춘 다음에는 영혼의 거울로 다른 사람을 비추어야 한다. 이제 들숨을 쉬면서 내 숨을 다른 사람도 함께 나누어 쉬고 있음을 느껴보라. 우리는 서로 숨을 나누며 살아간다. 호흡기 환자가 내뱉는 숨은 주위 사람들을,

심지어는 병원 전체를 위험하게 할 수도 있다는 사실을 생각해보라. 우리의 건강한 호흡은 어쩌면 하늘의 숨을 잠시 빌려 쓰고 있는 것인지도 모른다. 생명의 숨을 사랑하는 사람들과 나눌 수 있다는 것 또한 기쁘고 감사한 일 아닌가?

이제 천천히 날숨을 내쉴 때는, 내 숨을 나누고 싶은 대상을 한 사람씩 떠올린다. 휴대전화에 그 사람 사진이 있다면 그 사진을 보면서 숨을 내쉬면 더욱 좋다. 나의 숨은 꼭 내 소유만이 아니다. 때로는 같은 집 안에서 가족들과, 교실 안에서 친구들과, 혹은 사무실 안에서 동료들과 나누어 쓰고 있는 생명의 자원이다.

이렇게 '나와 너(I and thou)'를 연결하는 영혼의 거울을 적극 활용한 호흡은 생물학적인 숨인 동시에 심리적이면서 사회적인 숨이 된다. 내 몸 안에 있는 생명의 기운을 느끼고, 다른 사람들과의 나눔을 상상하면서 호흡하는 숨쉬기는 영혼의 기능을 풍성하게 활성화하는 가장 기초적인 준비 운동이다.

매일 아침 2~3분씩 해도 좋고, 틈틈이 짬을 내서 해봐도 좋다. 들숨을 통해서는 오늘 내게 주어진 생명을 느끼고, 타인과 함께 나누는 생명의 숨을 감사하게 느끼는 게 중요하다. 날숨을 통해서는 나를 위해 쉼 없이 일하는 내 신체의 각 부분과 연결하고, 나아가 주변의 사람들을 비롯해 온 세상과 연결된 관계망을 느끼면 된다. 생명의 출발이라 할 수 있는 단순한 호흡이 우리를 더욱 인간답게 만들어주는 영혼의 연습이 된다.

평소에 영혼이 제대로 활동하는 사람은 어느 때든지 주위 사람을 자신만큼 중요하게 비추고 사랑하려는 거울의 기능을 최적화시킬 수 있다. 그래서 자신과 사람(人)들과 그 사이(間)에서 가장 인간다운 모습을 드러낸다. 매 순간 우리에게 생명과 인간다움을 유지하도록 돕고 있는 영혼의 숨쉬기를 오늘부터 연습해보자.

'말숨'이 '목숨'에
미치는 영향

나치 독일이나 일본이 식민지 통치를 했을 때 자행한 가장 잔혹한 일은 인간을 대상으로 한 생체실험이었다. 예컨대 전시에 부족한 혈액을 대체할 물질을 찾기 위해 바닷물을 이용한 혈액 대체물을 수혈하는 황당하기 그지없는 실험 등을 했다고 한다.

나치정권 시절 혈액과 관련된 또 다른 생체실험이 있었다. 눈을 가리고 누워 있는 포로에게서 몸에 있는 혈액을 빼내는 실험이었는데, 얼마나 많은 양의 피를 채혈하면 목숨을 잃는지 알아보기 위한 것이었다. 이 역시 살아 있는 인간을 대상으로 벌인 몹쓸 실험 중 하나다. 그런데 실험을 하기 전에, 포로에게 이러한 실험의 목적을 알려준다면 어떻게 될까? 당연히 극도의 불안과 정신적인 공황 상태를 경험할 것이다. 실험자는 실험 대상인 포로의 눈을 가렸다. 그러고 나서 옆에서 물방울이 똑똑 떨어지는 소리를 들려주었다. 실제로는 포로의 혈액을 빼내지 않았지만 포로에게는 그것이 채혈로 인해 발생하는 소리라고 말했다.

놀랍게도 이 실험 결과는 실제로 채혈하는 실험을 했을 때와 아주 비슷하게 나왔다. 일정 시간이 지나자 채혈을 전혀 하지 않은 사람이 많은 양의 피를 잃은 사람과 마찬가지로 숨을 거두었다.

생각과 믿음에도 숨이 있다

의학적으로는 도저히 이해가 가지 않는 결과다. 믿는 대로 이루어진다고 했던가? 아마도 의식이나 생각의 파괴력을 믿는 과학자들은 믿음이 생리적인 신체의 원리도 바꿀 수 있다고 받아들일 것이다. 이렇게 의식의 힘을 믿는 과학자들은 이를 '위약효과(placebo effect)'라 부른다. 말 그대로 가짜 약을 주어도 환자가 이를 진짜라고 믿으면 진짜 약의 효력을 발휘한다는 것이 실험을 통해 증명되기 때문이다.

몇 해 전 해외의 한 다큐멘터리 TV 프로그램에서 사이클 선수들에게 위약효과를 실험한 적이 있다. 먼저 선수들의 경기력을 측정한 다음, 체력 증진을 위해 최근 특별한 약이 개발되었다면서 약을 투여한 뒤 다시 기록을 쟀다. 위약효과가 제대로 나타나려면 당사자 마음 안에 믿음이 깊이 주입되어야 한다. '나는 약을 먹었으니 몸이 좀 더 좋아질 거야!'라고 말이다. 실험에 참여한 선수들 대부분이 약을 투여하기 전보다 경기력이 향상되었다. 놀랍게도 자신의 최고 기록을 경신한 선수도 있었다.

이쯤 되면 위약효과가 제대로 나타날 경우 사람이 목숨을 잃을 수도 있고 아니면 반대로 목숨을 구할 수도 있으리라는 추측이 가능하다. 생각과 믿음이 생체 흐름을 변화시켜 목숨까지 좌우할 수 있다면 정말 어마어마한 힘이 아닌가? 도대체 그 힘은 어디서 나오는 걸까? 때때로 생각과 믿음의 힘은 대뇌를 가진 인간의 전유물이라고 여겨진다. 하지만 빠르고 극적인 결과만을 기대하는 사람들에게는 이러한 생각과 믿음의 힘이 잘 느껴지지 않는다.

생각과 믿음에도 숨이 있다. 어떤 생각에는 숨통이 트이고, 어떤 생각에는 숨이 막힌다. 기독교 성경에 보면 조물주는 말씀으로 세상을 창조했다고 보고한다. "빛이 있으라" 했더니 빛이 생기는 방식으로 창조되었다는 것이다. 그리고 창조된 피조물을 보고 "참 좋다!"라고 말씀했다고 기록하고 있다. 이때 말씀으로 뚝딱 세상을 만들었다는 표현을 단순히 마술 같은 신화로 이해하면 오산이다. 말씀은 '말-숨'이다. 말에도 숨이 작동하고 있고, 이 숨이 생명체에게 영향을 미쳐 생명을 생성하고 유지하도록 하며, 때로는 회복시키는 기능을 한다. 아름다운 창조의 말을 하면 만물이 숨을 쉬게 되는 원리다. 인간의 따뜻한 말을 들으면, 인간과는 종(種)이 전혀 다른 생명체도 그 말소리가 담고 있는 의미를 느끼지 않던가?

TV 프로그램 등에서 종종 등장하는 '밥 실험'이 좋은 사례다. 갓 지은 밥을 두 개의 병에 담아놓고 하루에도 몇 번씩 한 병에는 '고맙습니다'라고 말하고, 다른 병에는 '짜증나'라는 말을 반복해서 들려줬다. 놀랍게도 병 속의 밥은 3~4일 뒤부터 눈에 띄는 변화를 보이기 시작했다. 4주가 지나자 긍정적인 말을 들은 밥은 하얀 꽃이 핀 것 같은 형태의 누룩으로 변해 있었다. 마치 새로운 창조가 일어난 듯한 모습이었다. 부정적인 말을 들은 밥은 어떻게 되었을까? 지독한 악취를 풍기며 완전히 부패해 있었다. 눈으로 보고도 믿기 어려운 결과다. 밥이 인간의 언어를 알아듣기라도 한다는 말인가?

이는 신의 말씀만이 아니라, 인간이 표현하는 말씀도 '말-숨'이란 사실을 보여주는 실험이다. 말에는 생명의 기운이 있다. 즉, 말 속에도 영혼이 있다는 설명이 가능하다. 영혼이 인간과 모든 동식물의 생명을 쥐고 있는 열쇠라면, 말-숨은 목숨을 좌지우지할 수 있는 언어가 될 수 있다. 어떤 말-숨은 새로운 숨을 주면서 활력을 부여하고, 어떤 말-숨은 숨을 막히게 만들어 죽음에 이르게 한다. 만약 가짜 채혈 실험에서 피실험자가 물소리를 혈액이 떨어지는 소리라고 굳게 믿었다면, 자신에게 이런 말을 했말에는 생명의 기운이 있다.
즉, 말 속에도 영혼이 있다는 설명이
가능하다. 영혼이 인간과 모든 동식물의
생명을 쥐고 있는 열쇠라면,
말-숨은 목숨을 좌지우지할 수 있는 언어가
될 수 있다. 어떤 말-숨은 새로운 숨을
주면서 활력을 부여하고,
어떤 말-숨은 숨을 막히게 만들어
죽음에 이르게 한다.

을 것이다. "난 이제 곧 죽을 거야! 결국 이렇게 비참하게 죽임을 당하는구나!" 그러면서 계속 자신의 끔찍한 최후를 상상했을지 모른다. 이런 상상은 암암리에 스스로에게 숨통을 막히게 하는 기운을 전달한다. 부정적인 상상을 하면 할수록 신체에 부정적인 영향을 끼친다.

인간의 말-숨에는 특별한 에너지가 있는 게 분명하다. 말 속에 담겨 있는 거친 '숨'이 인간의 상상력을 통해 신체 구석구석에 전달되면 생명에도 치명적인 영향을 미치니 말이다. 말-숨은 영혼을 움직이는 언어다. 어떤 말-숨이냐에 따라 생명을 관장하는 내장기관을 애니메이션해야 할 영혼의 기능이 현저하게 상승되기도 하고, 현저하게 저하되기도 한다.

나를 살리거나 죽이는 '말-숨'

말-숨이 목숨을 좌지우지하는 생명의 언어라면, 긍정적으로 작용하는 경우도 있을 수 있다. 자신을 초월하는 능력을 발휘하게 만드는 영혼의 호흡도 말-숨에서 나온다. 효능이 있다고 믿는 가짜 약을 복용한 사이클 선수는 자신에게 이렇게 말하지 않았을까. "고맙게도 신통한 약이 개발되었네. 이제 드디어 3분대 기록을 넘어설 기회가 왔어! 난 할 수 있다, 파이팅!" 물론 이 신약의 효능을 의심하는 이에겐 어떤 변화도 일어나지 않을 것이다. 반면에 긍정적인 효과를 기대하는 선수의 몸은 갑자기 높은 전력의 고성능 배터리를 장착한 몸처럼 재창조된다. 영혼의 애니메이션 기능이 업그레이드되는 순간을 맞는 것이다. 이때 영혼은 분명 논리적이지 않지만, 신기록이나 극적인 승리를 상상하게 만든다. 상상은 자유라 했던가? 정말 놀랍게도 이러한 상상은 존재 전체가 새롭게 재충전되도록 이끈다. 때때로 강력한 영혼의 호흡은 상상을 현실로 만든다.

2016년 리우 올림픽을 아름답게 수놓았던 작은 기적을 기억하는가? 15점을 얻으면 끝나는 펜싱 결승전에서 상대 선수에게 14점을 내주고 4점 차로 패배 문턱에 서 있던 이가 있었다. 박상영 선수였다. 그가 막판에 자신에게 속삭였던 말 한마디, "할 수 있다"가 전파를 타면서 온 국민의 이목을 집중시켰다. 결국 그는 5점을 내리 따내면서 금메달을 목에 걸었다. 그의 자기 주문은 생명의 언어가 되어 영혼이 마음껏 극적인 승리를 상상하도록 이끌고 마침내 믿기지 않는 능력을 발휘하게 만들었다. 이는 말-숨이 우리 몸과 마음에 얼마나 큰 힘을 줄 수 있는지 보여주는 사례가 아니었을까?

하지만 안타깝게도 이와는 반대로 살아가는 사람들이 얼마나 많은지 모른다. 나는 심리상담을 해오면서 수많은 사람들이 자신의 말-숨으로 스스로 숨통을 죄고 살아가고 있음을 생생히 보았다. 박상영 선수와는 정반대로 죽음의 말-숨을 자기 자신에게 던지는 사람들이 있다. "난 절대 최고가 될 수 없어!", "나는 분명히 불행해질 거야!", "결국 사람들에게 망신을 당하고 말겠지!" 이런 말-숨은 자신 안에 있는 영혼을 정말로 시들시들 병들게 한다. '밥 실험'에서 악취를 풍기며 부패해버린 밥처럼 사람의 영혼도 그렇게 썩어들어 갈 수 있다.

숨 막히게 하는 말-숨을 자꾸 스스로에게 속삭이는 이유는 뭘까. 태어날 때부터 기질적으로 부정적인 말과 생각을 많이 하는 이들이 따로 있다고 여길 수도 있다. 컵에 물이 반이나 남아 있다고 다행으로 여기는 사람이 있는가 하면 물이 반밖에 남지 않았다고 짜증 내는 사람도 분명히 있으니 말이다. 한데 부정적인 생각을 반자동적으로 하는 사람들은 그럴 만한 과거가 있다. 태어날 때부터 그렇게 타고난 것이 아니라 어쩌면 주변 사람들에게 부정적인 말을 많이 듣고 자랐을 가능성이 높다. 그러면 주위에서 들려오는 부정적인 말을 자기도 모르게 앵무새처럼 따라 하게 된다. 문제는 그런 습관이 자기 자신의 영혼을 갉아먹는다는 점이다. 부정적인 말-숨은 결국 영혼의 기능을 무디게 한다. 그래서 아름다운 현실을 상상하는 강력한 힘을 발휘하지 못하게 된다.

"좋은 대학 못 가면 결국 너만 손해지", "너 그런 식으로 살다가는 절대 결혼 못 한다", "아무리 노력해봤자 네가 바꿀 수 있는 건 없어" 등의 말-숨을 끊임없이 듣다 보면 숨이 턱턱 막히고 짜증이 쌓여간다. 속에서 열만 나는 것이 아니다. 내 주위를 둘러싼 사람들과 세상을 연결시켜주는 영혼의 거울에 뿌옇게 먼지가 쌓인다. 남들이 나를 무시하고 사람대접하지 않는 것 같아 신경 쓰이고 화가 난다. 누군가가 선의를 가지고 다가오면 뭔가 꿍꿍이속이 있는 건 아닌지 의심부터 하게 된다. 부정적인 색안경을 쓰고서, 세상과 타인을 바라보는 관점이 서서히 변해간다.

나에게 부정적인 말-숨을 내뱉는 사람이 꼭 나쁜 사람인 것은 아니다. 유난히 걱정이 많은 부모가 철없는 자녀에게 모진 말을 쏟아내는 경우도 다반사다. 자녀가 부모의 깊은 속을 퍼뜩 알아차려서 얼른 행동을 바꿔나간다면 얼마나 좋겠는가? 안타깝게도 말의 진의를 깨닫기는커녕 거친 말이 품고 있는 숨만 고스란히 전달되기 쉽다. 따끔한 훈계로 던진 부모의 말은 영혼의 숨통을 틀어막는 거친 말-숨이 된다. 가장 먼저 영향을 받는 것은 마음속 거울이다. 부모와 자녀를 연결해야 하는 영혼의 기능이 현저히 떨어진다. 자녀는 부모가 멀게 느껴지고 자신과 무관한 존재라고 생각된다. 이런 영혼의 기능 저하가 오래 지속되면, 다른 모든 사람들과 연결하고 관계를 맺는 역량도 낮아진다.

물론 부모에게 충분히 연결되는 느낌이 없어도, 다른 사람과는 얼마든지 연결될 수 있다. 그러나 그럭저럭 숨은 쉴 수 있더라도 호흡이 고르게 유지되는 데는 어려움이 있을 수 있다. 평소에 친구들과 잘 지내다가도 어느 날 친구가 툭 던진 모진 말을 한 번 듣게 되면 갑자기 가슴이 철렁한다. 그리고 숨통이 막힌다. 이미 가정 내에서 말-숨으로 여러 번 굴욕을 당하면서 자기 안에 있는 영혼의 복구 기능이 부실해진 탓이다. 친구들에게 쉽게 상처받고, 결국 부모가 자기 자신에게 던졌던 부정적인 말-숨을 되뇌게 된다. "그래, 어차피 나는 구제 불능이야. 친구들도 다 떠나가겠지!"

나는 부모의 영향 때문에 자신이 변화할 수 없다고 믿는 청년들을 종종 만난다. 그들은 부모가 너무 거칠어서 자신도 거칠고, 부모의 못된 말버릇을 저절로 따라 하게 되었다는 식이다. 좋은 것만 따라 하면 좋을 텐데 묘하게도 나쁜 습성만 고스란히 물려받는다. 문제는, 그래서 변화가 결코 불가능하다고 믿는다는 데 있다. 정말 과거 경험에 백기를 들고 나면 내 미래는 과거에 굴복할 수밖에 없는 걸까?

영혼이 가장 좋아하는 말

앞서 이야기한 말-숨의 힘은 상담 및 심리치료의 방식에도 그대로 적용된다. 오랫동안 심리치료사들의 관심을 끌어왔던 인지치료법에서는 부정적인 말과 생각의 틀을 바꾸어야 새로운 느낌과 행동의 변화가 가능하다고 믿었다. 상담이나 심리치료를 받는 내담자들이 모두 잘못된 신념이나 생각들로 인해 불안과 강박, 우울증에 빠지게 되는 것이라고 여겼다.

치료의 원리는 간단하지만, 치료의 과정이 용이한 것은 아니다. 어린 시절 부모에게 버림받은 이가 '아무도 나를 사랑하지 않을 거야'라고 하는 내면의 신념을 가지고 있는 경우, 이를 뜯어고치는 일은 결코 쉽지 않다. 참혹한 성폭행 트라우마를 가지고 있는 여성이 '세상 모든 남자는 다 위험해'라고 믿는다고 해서 그것이 무조건 잘못되었다고만은 할 수 없는 노릇이다. 인지치료가 단순히 마음속 생각을 고치는 일이라고 여긴다면 그 치료는 실패하고 만다. 생각은 하루아침에 습득된 것이 아니다. 나와 다른 사람 사이에서 경험된 수많은 말-숨으로 구성된 것이란 사실을 명심해야 한다. 상처로 인해 왜곡된 생각은 단순히 인간의 언어와 인지 기능을 담당하는 대뇌피질에서 구성해낸 것이 아니다. 다시 말해 말-숨은 언어의 문제가 아니라, 영혼이 관여하는 문제다.

영혼이 가장 좋아하는 말-숨은 감사의 표현이다. TV에서 방송된 '밥 실험'에서 밥이 뜨고 누룩으로 재탄생할 때 들었던 말—숨도 '고마워'이다. 사회심리학자 로버트 이먼스(Robert Emmons)는 재밌는 실험을 해서 주목을 받았다. 그는 병원에서 장기 입원하거나 수술을 받은 직후의 환자들에게 '감사일기(gratitude journal)'를 쓰도록 했다. 뭐가 되었든 간에 하루 동안 감사할 만한 일들을 생각해내서 적어보게 한 것이다. 한 달가량 감사일기를 쓰게 한 후, 환자들의 신체 변화를 살펴보았다. 실험 참여자들의 몸 상태는 믿기 어려울 정도로 호전되었다. 이먼스는 여러 가지 증상의 다른 환자들에게도 같은 실험을 했다. 결과는 똑같았다. 3주 동안만 감사일기를 써도 입원 중인 불면증 환자들의 증세가 개선되고, 에너지 레벨이 급상승하는 효과가 나타났다.

이후 이먼스는 감사일기의 효능을 모아 《Thanks!: 마음을 여는 감사의 발견》이라는 책을 펴냈다. 원저의 부제(How practicing gratitude can make you happier)를 보면, 감사를 연습하는 것이 어떻게 사람을 행복하게 만드는가에 대한 연구라고 밝히고 있다. 감사할 조건이 있어서 감사하는 게 아니라, 감사하는 일을 습관화하는 것이 중요하다는 뜻이다. 그의 실험에 참여한 환자들 가운데 실험 종료 후 감사일기 쓰기를 중단한 이들이 많았는데, 그들에게는 감사일기를 쓰는 동안 경험했던 호전 효과가 즉시 중단되었다. 반면 감사일기를 지속해서 쓴 사람들의 경우 그 효력이 유지되는 결과가 나타났다.

나는 이먼스의 과학적인 실험도 말-숨의 힘을 보여준 것이라고 생각한다. 환자 중에는 과거 어린 시절이나 인생 여정을 거치며 많은 부정적인 말-숨의 영향을 받은 이들도 적지 않게 포함되어 있었을 것이다. 그럼에도 불구하고 감사일기를 썼더니 실험에 참여한 환자들 대다수가 유의미한 변화를 보였다는 것은 무엇을 의미할까?

긍정적인 말-숨은 어떤 상황에서도 힘을 발휘한다. 실험에 참여한 사람들 중에는 당연히 억지로 감사의 표현을 했던 이들도 있었다. 그런데 실험 결과 꾸준히 긍정의 말-숨을 적고, 쳐다보고, 상상했던 이들에게는 놀라운 신체 변화가 동반되었다. 긍정적인 감사를 통한 영혼의 호흡은 몸의 구석구석을 연결하고 새롭게 애니메이션하는 초능력을 보여준 것이다. 감사함을 통한 긍정심리의 치료적 효과를 실험한 연구였지만, 나는 영혼의 위력을 일깨워주는 실험이었다고 본다.

목욕을 하려고 탕 속에 들어앉았는데 찬물을 내뿜는 수도꼭지에서 얼음같이 차가운 물이 쏟아져 나오고 있다. 도저히 몸을 담글 수 없을 지경으로 물 온도가 너무 낮아서 이제 그만 찬물을 잠그고 싶다. 한데 수도꼭지가 낡고 녹슬어 망가져버렸다면? 이런 상황처럼 부정적인 말-숨의 냉수를 오랜 세월 경험한 경우라면, 세월을 거스르는 타임머신을 탈 수 있는 것도 아니니 찬물이 나오는 수도꼭지를 잠글 방도가 있겠는가. 결국 물이 넘치기 시작하고 이대로 더 있다가는 얼어 죽을 것만 같다. 그냥 목욕을 포기해야 할까?

방법이 없는 건 아니다. 그 옆에 있는 온수 수도꼭지를 틀면 된다. 다행히 그 수도꼭지는 녹슬지 않고 멀쩡하다. 뜨거운 온수가 나온다면 머지않아 적절한 온도를 맞출 수 있다. 굳이 찬물을 잠그지 않아도 된다. 온수의 양이 늘어나면 언젠가는 편안하게 목욕을 즐길 수 있는 상태가 될 것이다. 긍정적인 말-숨은 부정적인 말-숨으로 상처 입은 이들에게 이런 온수의 역할을 할 수 있다.

심각한 중증 정신장애를 가진 환자들에게 "미안합니다", "사랑합니다", "고맙습니다"라는 말을 수없이 건넸더니 병세가 기적적으로 호전되었다는 소설 같은 이야기를 아는가? 하와이 주립병원에서 실제로 있었던 일이다. 하와이의 전통치유법에서 착안했다는 이하레아카라 휴 렌(Ihaleakala Hew Len) 박사의 '호오포노포노 치료법'은 따뜻한 온수 같은 말-숨을 통해 몸과 마음을 온전하게 애니메이션하는 영혼의 힘을 가장 잘 활용한 방법인지도 모른다.

지금 당장, 우리 자신에게도 하루에 몇 번씩 따뜻한

말-숨을 불어넣어보자. 자신의 이름을 부르고 속삭이기만 하면 된다. "수영아, 미안해!", "수영아, 사랑해!", "수영아, 고마워!" 자신 안에서 영혼이 순환하는 온기가 금세 느껴질 것이다.

인공지능은 결코
흉내 낼 수 없는 것

1848년, 종교계와 과학계가 영혼에 대한 논쟁으로 불
붙는 사건이 있었다.

　스물다섯 살의 건장한 철도회사 노동자였던 피니어스
게이지는 발파 작업을 하다가 큰 사고를 당했다. 무시무
시한 쇠막대가 머리의 앞쪽 부분을 뚫고 지나간 것이다.
머리뼈가 손실되고 전전두엽에 손상을 입긴 했지만 다행
히 그는 생명을 잃지 않고 기적적으로 소생했다. 그런데
이게 무슨 일인가? 믿음직스럽고 성실했던 게이지가 마
치 딴사람처럼 변해버렸다. 성격이 포악해졌을 뿐 아니라
그의 도덕성과 고운 심성도 눈에 띄게 달라졌다. 도덕성
이 교육이나 훈련 혹은 종교적인 실천을 통해 고양된다고
믿었던 철학자들과 종교학자들은 심각한 난제에 부딪히
고 말았다. 일명 '피니어스 게이지 사건'은 도덕성이나 심
성이 뇌가 가진 하나의 파편적인 기능으로 환원될 수 있
다는 가능성을 보여주었기 때문이다.

　《데카르트의 오류Descartes' Error》를 저술한 신경과학자

안토니오 다마지오(Antonio Damasio)는 게이지 논쟁을 두고 중요한 질문을 던졌다. "게이지가 그의 영혼을 상실했다고 말해도 될 것인가?"

뇌와 마음의 관계

종교심리학을 공부하던 유학 시절에 나의 아버지는 뇌질환을 앓으셨다. 뇌출혈로 돌아가시기 전의 아버지를 뵈면서 나는 믿기 힘든 장면들을 목격했다. 뇌혈관을 막고 있는 혈전이 그간의 아버지의 모든 영적인 실천까지도 무참히 뭉개버리는 것 같았기 때문이다. 경건한 예배의 삶을 60여 년간 이어온 장로이셨던 아버지는 어찌된 일인지 예배에 집중하지 못하셨고, 설교를 멍하게 듣다가 웃음을 터뜨리시는 일도 다반사였다. 이런 아버지의 모습은 가족들을 충격에 빠뜨렸고, 교회의 성도들을 당혹스럽게 만들었다. 담당 주치의는 우울감을 느끼며 시도 때도 없이 눈물을 흘리는 환자들이 대부분이긴 하지만 드물게는 나의 아버지처럼 웃음을 참지 못하는 증세가 나타나기도 한다고 소견을 전했다. 그의 과학적 진단은 아버지의 신앙생활에 비참한 종언을 고하는 것이나 마찬가지였다.

당시 나는 과학적 방법론에 다소 익숙한 신학도였고, 인간의 뇌에서 발생한 물리적 혹은 화학적 변화가 주는 영향력이 한 인간의 오랜 신앙적인 여정을 여지없이 흔들어놓을 수 있다는 반격에 사뭇 긴장할 수밖에 없었다. 종교적 신앙이 제대로 완성되려면 뇌 속 뉴런의 건강한 기능이 전제되어야 했다. 개인의 온전한 뇌 기능이 훌륭한 도덕성이나 종교성보다 선행된다는 엄중하고 씁쓸한 현실이 나를 압도했다.

그렇다면 신앙은 생물학적인 기반이 필수적인 요소가 된다는 말인가? 신을 인식하는 일도 뇌의 특정 부위의 주된 역할이라고 과학자들이 우기더라도 강력하게 반박할 논리가 없다. 다마지오의 질문처럼 인간의 영혼도 뇌 안에 자리 잡고 있어서 뇌가 손상을 입으면 그 기능을 상실하는 것처럼 보였다. 그럼 게이지의 영혼은 증발했다고 보는 것이 타당할까? 결국 영혼은 뇌 안에 있는 하나의 기능에 불과한 것일까?

영국의 신경생리학자 말콤 지브스(Malcolm Jeeves)는 게이지 논쟁 이후 전혀 관련이 없어 보이던 새로운 연구 분야를 엮어내는 데 지대한 공을 거둔 학자로 인정받는다. 그는 발달심리학과 심리치료, 인지심리학, 뇌영상 촬영 기술, 게다가 종교학까지 다양한 분야들을 마음과 뇌에 관한 연구 주제로 서로 소통하게 만들었다. 특히 지브스는 영혼에 대한 종교적인 연구들도 최신의 과학적 연구들과 적극적으로 교류하도록 시도했다. 지브스의 다학제간 연구는 우리 한국 사회에도 분명한 의미를 던진다.

우리는 점점 영혼을 상실해가는 시대를 살고 있다. 어려서부터 극한 경쟁에 내몰리는 한국인은 내면에서 행복을 찾을 여유가 없다. 직장에서는 위계에 의한 폭력이 만연해 있고, 높은 자리에 오를수록 쉽게 '갑질'에 중독되어 비정상의 문화가 정상인 것처럼 아래로, 주변으로 전이된다. 분노범죄가 기승을 부리며, 운전하다 시비가 붙어 사건으로 번지는 일은 너무도 비일비재하다. 자살률을 비롯한 각종 정신건강 지표가 바닥을 친 지도 오래. 국민 정신건강이 위험수위에 도달했다는 데는 반대하는 목소리가 높지 않을 듯싶다.

도대체 어디서부터 어떻게 해결해나가야 한단 말인가? 몸이 아프면 병원이나 약국을 찾는다. 빠른 약물처방이 병세의 악화를 막을 수 있기 때문이다. 마음이 아파도 마찬가지일까? 마음이 아파도 빨리 병원에 가서 약물처방을 받아 뇌 기능을 향상시키면 되는 걸까?

게이지 논쟁 이후 영혼도 뇌 기능과 긴밀한 연관성이 있다고 믿는 과학자들은 정신질환이나 심리적인 위기에도 약물치료가 우선이라 여길 수 있다. 어떤 심리학 실험은 애인과 결별한 아픔을 경험하고 있는 피실험자들 중에서 두통약을 복용한 이들이 그렇지 않은 이들보다 상실의 아픔을 덜 느낀다고 보고하기도 한다. 그렇다면 마음의 아픔도 그저 뇌의 화학적 부조화라고 정의해야 하는가?

말콤 지브스는 그의 책《마음 뇌 영혼 신*Minds, Brains, Souls and Gods*》에서 마음과 뇌가 하나의 복잡한 시스템의 두 측면이라고 정리한다. 심리치료를 주로 하는 상담전문가들도 일부 환자들에겐 빠른 약물치료가 필요하다는 점을 잘 알고 있다. 그래서 상담 중에 시급하게 약물치료가 필요할 경우, 정신건강의학과 전문의에게 속히 의뢰하도록 훈련받는다. 대부분의 상담전문가들은 약물처방에는 전문성이 없기 때문이다. 약물치료가 가능한 정신건강의학과 전문의는 환자의 뇌가 보이는 식별 가능한 모든 변화에 촉각을 곤두세우고 상황을 파악해야 한다.

한데 지브스 교수는 상담이나 심리치료를 통해 마음과 영혼의 기능이 특정한 변화를 만들어낼 때, 이것은 다시 마음의 물리적 기초에 해당하는 뇌의 화학적 구성에 일시적 또는 만성적 변화를 일으킬 수 있다는 점 또한 강조한다. 그래서 뇌 기능에 직접적인 영향을 미치는 약물치료가 아무리 중요하다 할지라도, 마음과 영혼을 다루는 상담적인 접근 역시 여러 환자나 내담자들에게 여전히 요청

되고 있는 이유이기도 하다.

　나는 뇌와 마음의 관계를 우리가 일상생활에서 자주 접하는 컴퓨터와 비교해 설명하곤 한다. 매일 컴퓨터를 사용하는 우리는 자주 쓰는 소프트웨어에 아주 익숙하게 노출되어 있다. 그런데 실은 컴퓨터를 사용하는 매 순간, 하드웨어와 소프트웨어는 하나의 시스템으로 작동한다. 만약 하드웨어에 문제가 생기면 문서작성이나 인터넷 게임 같은 프로그램은 시작조차 할 수 없다. 반대로 하드웨어가 기반이 된다고 해서 문서작성 프로그램이 중요하지 않은 것은 아니다. 결국은 하드웨어와 소프트웨어 두 가지가 함께 제대로 작동해야 한다.

　뇌와 신체의 기능은 하드웨어에 가깝고, 마음과 영혼은 소프트웨어에 가깝다. 뇌와 신체의 기능을 깡그리 무시하는 것은 어불성설이지만, 뇌와 신체의 기능으로 모든 것을 설명하려고 드는 환원주의도 무모하다.

　게이지 논쟁에서 도덕성이나 종교성이 단순한 전전두엽의 특정 기능일 뿐이라고 설명한다면, 전전두엽의 기능이 다행히 정상인 우리는 우리의 도덕성을 대체 어떻게 정의해야 하는가? 소프트웨어의 발달은 하드웨어에 기초한 것이지만, 모든 소프트웨어의 기술적 발전이 하드웨어의 기초 기능과 동일한 것이라고 이해한다면 하드웨어와 소프트웨어, 즉 '한 지붕 두 가족'을 이해할 길이 없어진다.

영혼도 만들어낼 수 있을까?

정신의 영역과 영혼의 세계를 물질과 신체 영역으로 환원하지 않으면서 양자가 하나의 실체를 동시에 반영한다고 보아야 한다. 무엇보다 양자 사이에는 중요한 이중성이 있음을 인정해야 한다. 하드웨어와 소프트웨어가 분명히 따로 구별되듯이 말이다.

이런 이중성 때문에 무관한 두 종류의 실체가 있다고 말하거나 실체를 단순하게 이분법적으로 나누어 이해하려는 이원론을 믿을 필요는 없다. 나는 이러한 두 가지 양면을 가진 일원론의 원리를 기독교 신앙에서 찾을 수 있었다. 신의 속성이 영적(spiritual)이라고 믿지만, 기독교의 신은 인간의 몸을 입고 체화(embodied)된 신의 모습을 겸하고 있다.

영혼은 체화된 신앙에서 빛이 난다. 뇌질환을 앓던 내 아버지의 신앙과 영성이 갑자기 소멸하거나 사라져버린 것이 아니다. 아버지는 파편화된 신체와 뇌 기능으로 담을 수밖에 없는 당신의 제한적인 신앙을 경험하셨을 뿐이다.

영혼을 전부 뇌 안에 있는 기능이라고 일치시킬 수 없지만, 뇌 기능과 뗄 수 없는 연관성이 있다고 가정해보자. 동물과 인간 사이에 겹치는 뇌 기능에 주목하는 연구가 신경과학의 발전을 도모했고, 이는 인공지능 연구에도 크게 기여해왔다. 현재 인공지능의 정보처리 속도는 인간이 도저히 따라잡을 수 없을 정도의 수준에 이르렀다. 이미 정보처리의 측면에서 본다면, 인간은 도저히 인공지능의 적수가 될 수 없다. 그렇다면 장차 인공지능으로 고귀한 종교성을 추구하는 영혼을 만들어낼 수도 있지 않을까?

일단 종교성을 정보축적을 기반으로 한 지식체계로 이

해한다면 이는 어렵지 않다. 종교적 경전에 대한 모든 주석 정보를 입력하고, 이를 해석하고 설파한 설교나 강연 등을 모두 저장한다. 시대나 상황에 맞는 종교적 지식과 때에 따라 특별한 감동을 주었던 메시지를 적절하게 재생시키는 기능을 탑재하면 거의 종교성이 완성된다. 역사상 가장 뛰어난 설교자라고 일컬어지는 이들의 설교를 적절히 배합해 시뮬레이션하는 기능까지 있다면 금상첨화다. 그러면 인공지능이 최고의 설교자의 역할을 할 수도 있지 않을까?

나는 미국에서 유학하던 박사과정 시절에 기독교 성직을 준비하는 신학생들에게 '목회적 돌봄과 상담'이라는 과목을 가르친 적이 있다. 항상 첫 수업 시간에는 학생들을 대상으로 설문조사를 하곤 했다.

"당신에게 가장 기억에 남는, 당신이 만난 최고의 성직자는 누구인가요? 그의 어떤 점이 그를 좋은 성직자로 기억하게 했는지 적어보세요."

아마도 그냥 최고의 성직자가 누구인지 물었다면, 역사

교과서나 위인전에 등장하는 이름이 많이 거론되었을 것이다. 하지만 개인적으로 최고의 성직자로 기억하고 있는 대상은 저마다 다를 수 있다. 그들은 뛰어난 설교가 또는 달변가인 사상가였을까, 아니면 학식과 인격을 겸비한 학자였을까? 매년 설문조사에 등장하는 성직자들의 이름은 모두 상이했지만, 각 학생들에게 최고의 성직자로 기억되고 있는 이유는 정말 놀라울 정도로 유사했다.

학생들이 꼽은 '최고의 성직자'는 학식과 지식을 토대로 경전을 통찰하고 가르치며 설교했던 이들이 아니었다. 거의 대부분의 학생들은 과거에 아팠을 때나 좌절을 겪고 바닥에 주저앉아 있었을 때 자신에게 다가와 손 내밀고 안아주었던 성직자를 최고라고 기억하고 있었다. 함께 눈물 흘리고, 상처를 거울처럼 비추면서 공감해주던 이들이었다. 물론 공감해주었던 최고의 성직자들이 높은 학식이 있는 이들이었을 수 있다. 하지만 그들이 전한 말은 경전을 해석하는 진리의 말씀이기보다는 따뜻한 위로와 힘을 주는 '말-숨'이었던 것이다.

종교적 경전을 통째로 외우고 그때그때 가장 적절한 메시지로 설파하는 인공지능은 얼마든지 개발될 수 있을 것이다. 하지만 그 메시지가 과연 우리의 영혼을 숨 쉬게 할 수 있을까? 우리의 영혼을 살아나게 하는 것은 아무 말 없이 눈물 흘리며 우리의 손을 잡아주는 따뜻한 손길이다. 이런 이유로 인공지능은 의문의 일패를 할 수밖에 없다. 이세돌과 세기의 대결을 벌였던 알파고도 시간 내에 바둑알을 집어서 내려놓는 단순한 일은 사람에게 부탁할 수밖에 없었다. 결국 알파고는 승리 후에 그 사람과 하이파이브를 할 수도 없었고, 이세돌과 악수를 나눌 수도 없었다. 알파고는 두뇌만 있는 신체의 한 덩어리에 불과했다.

불과주의를 넘어서

DNA 나선 구조를 최초로 발견해 노벨상을 수상한 20세기의 위대한 생물학자인 프랜시스 크릭(Francis Crick)

은 《놀라운 가설Astonishing Hypothesis》이라는 저술에서 과학적으로 영혼을 탐구하고자 시도했다. 그는 타계했지만 그의 확고한 과학적 환원주의에 대한 신념은 아직도 자주 회자되고 있다. 지브스와 같은 신경생리학자들은 그의 신념을 '불과주의'라 불렀다. "당신은 신경세포들과 그것들이 모인 분자들의 방대한 집합체의 행동일 뿐이다. (……) 당신은 뉴런들의 묶음에 불과하다"라고 한 크릭의 말에서 따온 표현이다.

크릭의 불과주의를 향해 지브스 교수는 장난 섞인 제동을 걸었다. 크릭의 주장대로라면 그가 《놀라운 가설》에 쓴 글도 종이에 묻은 잉크에 '불과'하며, 그의 어떤 메시지도 전달하지 않는다고 볼 수밖에 없지 않느냐고 반박한 것이다. 크릭처럼 노벨상을 수상한 신경과학자 로저 스페리(Roger Sperry)도 지브스 교수와 논조를 함께했다. 그 역시 환원주의의 위험을 경고하며 이런 유명한 말을 남겼다. "메시지의 의미는 잉크의 화학 성분에서 찾을 수 없다."

정신의 영역과 영혼의 세계를 물질과 신체 영역으로 환

원시키지 않으면서 양자가 하나의 실체를 동시에 반영한다고 이해할 수 있어야 한다. 우리가 자꾸 하드웨어만 강조한다면, 인간 신체의 유약함은 우리를 종종 기계보다 못한 존재로 둔갑시킨다. 배터리만 있으면 되는 로봇이 한없이 부러워질 수밖에 없다. 인간이라면 한시도 쉬지 않고 계속 일만 하는 것은 불가능하니 말이다.

우리가 단순히 세포조직 뭉치, 뼈와 근육 덩어리에 불과하다고 믿으면 우리를 가장 인간답게 만드는 소프트웨어인 영혼은 그 힘을 잃는다. 영혼은 사람과 사람을 잇는 신비한 힘을 가지고 있다. 영혼이 움직이면 나의 죽은 세포도 살아나고, 상대방의 세포도 살려낸다.

로봇이 인간의 살갗과 거의 흡사한 피부를 지니고 있다고 할지라도, 그 로봇이 손을 붙잡아줬을 때 인간의 손보다 더 큰 힘을 전해줄 수 있을까? 아무리 쿠션이 좋은 인형이라고 한들, 심장박동이 있는 사람 품에 안기는 것보다 더 큰 평안을 줄 수는 없다. 영혼은 사람을 사람으로 느끼게 만드는 신비로운 능력을 발휘한다.

아무리 인공지능이 발달해도 인간의 영혼을 흉내 낼 수는 없다. 인간이 미처 하지 못한 생각을 해내고, 뛰어난 해석능력을 펼쳐 보이고, 훌륭한 메시지를 전달하는 로봇은 분명히 등장할 것이다. 그러나 인간처럼 몸을 통해 가슴으로 전달되는 영혼의 교감으로 소통할 수는 없을 것이다.

두뇌개발을 위해 노력하는 사람도 많고, 튼튼한 신체를 위해 운동을 열심히 하는 사람도 많다. 그런데 영혼을 위해 무언가를 투자하는 사람은 얼마나 될까. 영혼은 있는 줄도 모르고 살아가는 이들이 많다. 아니, 그저 영혼은 죽을 때가 되었을 때 몸에서 빠져나오는 기운이라고 여기기도 한다. 그래서 영혼 없이 산다. 우리가 사는 시대에 좀비를 닮은 인간이 자꾸 생겨나는 이유다. 영혼을 상실한 채로 맥없이 비틀거리는 좀비가 등장하는 장면에 우리가 자꾸만 시선이 끌리는 까닭은 왠지 모를 동질감이 느껴지기 때문은 아닐까?

우리는 영혼을 가지고 있고, 언제나 그 영혼이 최고조로 활성화되기 원하는 신비한 생명체다. 그 어떤 값비싼 인공지능도 절대로 흉내 낼 수 없는 아름다운 영혼이 우리 안에 내재되어 있다. 자주 사용하고 귀하게 쓸 준비가 되어있다면 그 어떤 스펙보다도 값비싼 자원이 될 수 있다.

두뇌개발을 위해 노력하는
사람도 많고, 튼튼한 신체를 위해
운동을 열심히 하는 사람도 많다.
그런데 영혼을 위해 무언가를 투자하는
사람은 얼마나 될까. 영혼은 있는 줄도
모르고 살아가는 이들이 많다.
아니, 그저 영혼은 죽을 때가 되었을 때
몸에서 빠져나오는 기운이라고 여기기도 한다.
그래서 영혼 없이 산다.

내가 만든 '가짜 자기'의
홍수 속에서

대학에서 철학을 전공하는 아들이 아버지와 함께 호프집에서 담소를 나누고 있었다. 아버지가 아들에게 철학을 공부해보니 어떠하냐고 물었다. 아들은 심각한 표정을 지으면서, 철학은 세상을 다르게 보게 만든다고 운을 뗐다. 아들은 안주로 시킨 프라이드치킨을 가리키며 질문을 던졌다. "아버지, 아버지는 이 닭이 몇 마리로 보이십니까?" 한 마리를 주문시킨 것이니, 아버지는 당연히 한 마리라고 대답했다. 그런데 아들은 묘한 미소를 지어 보이며 이렇게 답하는 게 아닌가. "아버지, 저는 닭이 두 마리로 보입니다." 아버지는 궁금한 듯 다시 물었다. 한 마리의 닭이 어째서 두 마리로 보이냐고 말이다. 아들은 이어서 말했다.

"아버지의 눈에 보이는 닭은 진짜 닭이 아닙니다. 우리 앞에 있는 닭은 이 시간이 지나면 우리 배 속으로 사라지는 닭이지요. 하지만 내일도, 모레도, 아니면 한참의 시간이 흐른 뒤에도 우리는 오늘 먹은 닭에 대한 기억을 하겠지요. 그 닭은 우리 배 속으로 없어지는 닭이 아니라, 우리의 마음속에 영원히 남아 있는 본질적인 닭입니다. 그래서 저는 닭이 두 마리로 보입니다."

답변을 들은 아버지가 단호하게 대답했다. "그래? 그럼 너는 이 닭은 먹지 말고, 본질적인 닭이나 먹어라!"

없어지지 않는 영원한 나

아들의 엉뚱한 답변이 그저 궤변은 아니다. 아마도 그는 철학개론 시간에 배운 플라톤의 '동굴의 비유'를 설명한 듯하다. 플라톤은 우리 모두가 동굴에 살고 있으며, 동굴 안에서 우리 눈에 보이는 사물이나 우리의 실재는 진짜 실재의 그림자라고 비유적으로 말했다. 동굴 안에 있는 나는 진짜가 아니고, 동굴 밖에 있는 진짜 나, 즉 영원한 '이데아(Idea)' 혹은 '본질적인 실재'로서의 내가 있다는 얘기다. 자고로 철학자란 이를 깨닫는 현인이요, 다시 동굴 안으로 들어와 다른 이들에게 이러한 진리를 설파할 의무를 가지고 있다. 철학도인 아들도 이런 의무를 수행하고 있었는지 모른다.

내가 보는 것이 '진짜 나'가 아니라면 '가짜 나'도 존재한다는 말이 된다. '가짜 나'를 '나쁜 나'라고 오해하면 안 된다. 대상과 상황에 따라 수시로 변하는 내가 바로 가짜 나일 수 있다. 한번 생각해보라. 만나는 사람이 바뀔 때마다 내가 바뀌지 않는가. 어머니 앞에서는 나이 든 아들도 애처럼 군다. 친구를 만날 때의 나와 선생님을 만날 때의 나는 분명 다르기 마련이다. 그래서 이러한 다양한 가면을 쓴 나는 하루에도 몇 번씩 없어지고 생기기를 반복한다.

절대로 변하지 않는 '영원한 나'라는 게 존재할까? 아니면 이는 희랍 철학자 플라톤이 비유적으로 설명한 이야기 속에만 나오는 것일까? 일단 심리학적으로도 진짜 나를 발견하는 일은 매우 중요하다. 소위 '가짜 자기(false self)'가 너무 강하게 나를 지배하면, '참 자기(true self)'는 점점 존재감을 잃어간다. 이때 심리학적으로도 '가짜 자기'는 사악한 자기를 의미하지 않는다. 다른 사람들을 위해 보여주는 자기요, 다른 사람들을 기쁘게 하기 위해 생성된 자기라고 보면 된다.

　아이들은 무의식적으로 엄마와 아빠가 원하는 모습의 자기를 만들려고 애쓴다. 내 첫딸의 어린 시절 사진들을 본 적이 있다. 딸의 포즈가 하나같다. 얼굴을 왼쪽으로 45도 기울인 채 오른손 검지를 볼에 꽂고 있다. 왜 그런 걸까? 아마도 아빠인 내가 그렇게 요청했을 가능성이 높다. "우리 딸, '나 이뻐?' 한번 해봐!" 딸아이는 아빠가 원하는 포즈를 자신의 진짜 모습으로 여기며, 카메라만 들이대면 자동 장착되는 표정을 짓게 된 것이리라.

　그런 까닭으로 가짜 자기는 남들을 위한 서비스용 자기다. 다른 사람을 만족시키기 위한 자기이기에 진짜 자신의 모습과는 거리가 멀다. 대학생이 되어 이제는 수없이 셀카를 찍는 딸의 사진들 중에는 눈을 씻고 찾아봐도 볼에 손가락을 갖다 대고 찍은 사진은 한 컷도 없다. 그렇다고 가짜 자기가 사라진 것은 아니다. 대학생이라면 이제 친구와 선후배를 위한 가짜 자기를 만들어내기에 바쁘다. 하고 싶은 이야기를 참기도 하고, 정보 공유의 수준을 친구들마다 다르게 설정하느라 엄청나게 다양한 가짜 자기가 만들어진다.

가짜 자기의 홍수 속에서 내가 지치고 힘들 때도 있다. 만나는 사람마다 구분해서 다른 가면을 바꿔 쓰는 것도 헷갈리는 일이어서, 가끔은 아무도 만나지 않고 혼자 있고 싶은 마음이 든다. 다른 사람들을 위한 내가 아닌, 나 자신만을 위한 나는 과연 존재하는지 의심스럽기도 하다. 문득 내가 뭘 원하는지, 뭘 느끼는지 본인도 모를 때가 있다. 그런 경우 진짜 나는 존재하지 않는 것 같다. 누구에게도 영향을 받지 않는 순수한 나를 상상해보려 하면 그저 알 수 없는 구름 속에 가려진 듯한 느낌이다. 착한 척 아무렇지 않은 척하면서 타인을 배려하기 위한 '돌보미 서비스용 자기(caretaking self)'만을 너무 열심히 가동시킨 결과다.

플라톤이 상정한 이데아는 존재하지 않는 가상의 실재

가 아니다. 변하지 않는 본질적인 나의 모습은 분명히 존재한다. 우리는 때때로 '이건 절대로 내가 원하는 모습이 아니야! 남이 원하는 모습으로 사는 건 진짜 나라고 볼 수 없어!'라고 느낄 때가 있다. 바로 그 순간이 영원한 이데아로서의 나를 찾게 되는 순간이다. 이것이 진짜 나의 모습이 아니라는 걸 알고 있다면, 나는 영원히 변치 않는 나의 모습을 분명 지니고 있다는 소리다. 단지 그걸 지금 이 순간에 실재로 느끼지 못할 뿐이다.

2016년 국정농단 사건으로 광화문을 가득 메웠던 촛불 시민을 기억하는가? 남녀노소 다양한 시민들이 목청껏 외쳤던 구호 중 가장 인상적이었던 것은 "이게 나라냐?"였다. 그후 새로운 정권이 들어서면서 외친 구호가 '나라다운 나라'였다. 아무리 정치에 무심한 사람들이라 할지라도, 온전한 나라에 대한 분명한 이데아를 가지고 있었다. 바로 그 이데아는 한 번도 정치적 구호를 외쳐본 적 없는 수많은 이들을 자연스럽게 광장으로 불러 모았다. 그게 이데아의 놀라운 힘이다. 이데아는 먼 나라에만 존재하는 추상적인 개념이 절대로 아니다. 이데아는 실재로 우리 안에 존재하며, 간절히 우리를 마음의 한복판으로 불러내고자 한다. 그래서 가끔은 가짜 자기에 지쳐갈 때, 우리도 목청껏 외쳐야 한다. "이게 나(self)냐?"

완벽할 때 가장 나다울까?

"이게 진정 나란 말인가?" 외치고 나서는 '나다운 나'를 발견해야 한다. 영원히 변하지 않는 진짜 나, 본질적인 이데아를 찾아 나서는 일은 가장 지혜로운 일이며 언젠가는 꼭 수행해야 하는 생애 과제다. 군이 철학적 사명을 언급할 필요 없이, 가짜 나로 살다가는 심리적으로 상당히 피곤하고 지치게 되고 결국은 껍데기 인생만 남기 때문이다. 동굴 밖에 있는 영원한 나를 만나는 일은 성공을 위해 인맥을 강화하고 각종 스펙으로 나를 무장하는 일보다 훨씬 중요하다. 그렇다면 동굴 밖으로 나가 진짜 나를 만나는 일은 어떻게 해야 가능할까?

동굴 밖에 있는 나는 때 묻지 않은 가장 순수한 나의 모습일 것이다. 그렇다고 갓난아이였을 때를 상상할 필요는 없다. 갓난아이로서의 나는 개인의 자의식이나 타인으로부터 오는 시각이 만들어지기 전에 이미 존재하고 있는 나의 모습이긴 하다. 하지만 나의 본질에 가까운 모습은 아니다. 나의 이데아, 즉 가장 '나다운 나'는 외부적인 시각의 영향권 바깥에 있는 아주 자연스러운 모습일 것이다.

나의 이데아를 만나기 위해서는 무엇보다 타인이 아닌 나만의 관점으로 나를 돌아볼 필요가 있다. 이는 쉽지 않다. 평생을 남이 보는 나를 생각하면서 살아온지라, 내가 타인의 영향권 밖에 있는 진짜 나를 돌아보고 말 걸어보는 일은 이제껏 해보지 못한 난제일 수 있다. 대학을 정하고 전공을 선택하는 일도 부모나 다른 사람이 볼 때 그럴듯해야 하고, 심지어 결혼을 할 때도 부모와 집안사람들에게 두루 합한 배우자여야 한다는 조건이 붙지 않는가?

플라톤의 동굴 밖에 있는 나의 이데아는 어떤 모습일까? 일단 이데아는 결코 완벽한 모습이 아니다. 본디 완벽성이라는 잣대는 늘 객관적인 타자를 상정할 때 생기는 척도다. 타인의 눈이 있을 때나 완벽함이 중요한 것이지, 혼자 있으면 그렇게까지 의미 있지 않다. 이때 가장 중요한 가치는 '편안함'이다. 나의 이데아는 그저 나이기만 하면 전혀 불편함을 느끼지 않는 독특한 나의 모습이다. 이데아(Idea)가 '이상적인(ideal)'이라는 영어 단어의 어원인 것을 보면, 가장 이상적인 내 모습도 객관적으로 완벽한 모습을 의미하지는 않는다. 나의 이상적인 모습은 가장 나다운 모습이다.

나의 이데아는 그 누구도 흉내 낼 수 없기에 가치가 있다. 물론 다른 사람과의 관계를 모두 끊어내야 나의 참 모습을 찾을 수 있는 것은 아니다. 부모를 비롯한 중요한 타자들과의 관계 안에서 내가 만들어진다. 기억해야 할 것은, 나의 본질적인 모습은 결코 다른 사람들이 주도해서 만들어낼 수 있는 합작물이 아니라는 점이다.

나와 아내 사이에서 태어난 두 아이를 보면, 정말 조합이 독특하다. 아내의 신체적인 특성을 빼닮은 딸아이는

본디 완벽성이라는 잣대는
늘 객관적인 타자를 상정할 때
생기는 척도다.
타인의 눈이 있을 때나
완벽함이 중요한 것이지,
혼자 있으면 그렇게까지 의미 있지 않다.
이때 가장 중요한 가치는 '편안함'이다.
나의 이데아는 그저 나이기만 하면
전혀 불편함을 느끼지 않는
독특한 나의 모습이다.

나의 묘한 습성을 물려받았다. 그렇다고 엄마의 신체적 특징과 아빠의 성격적 특성을 그대로 가지고 있는 건 아니다. 털보 아빠의 닮기 싫은 신체적 특징을 지녔다고 짜증을 내기도 하니까. 아들 역시 묘하게 아내와 나를 섞어서 비슷한 구석이 있다. 그래서 두 아이 모두 독특하다. 부모가 아이에게 생명을 주었다고 하지만 이러한 조합을 기획한 적은 없다. 그렇다면 누구의 작품일까?

모든 인간의 이데아를 독특하게 만드는 것은 바로 영혼이다. 그 영혼의 힘은 앞서 말한 바와 같이 우리 신체 안에 있는 물질을 애니메이션하는 기능도 있고, 우리를 다른 사람이나 조물주와 연결하는 심리적이고 사회적인 역할도 한다. 인간의 신체적·심리적인 에너지를 기획하고 운용하는 일은 바로 영혼의 몫이다. 인공지능을 만든 과학자도 엄두조차 낼 수 없는 일이다. 영혼은 우리가 각자의 독특한 이데아를 향해 나아갈 수 있게 하는 에너지를 가지고 있다. 본질적인 나를 찾기 위해서 우리가 영혼을 챙겨야 하는 이유다.

영혼은 나를 나의 이데아로 이끌고 가는 지향성(directivity)을 가지고 있다. 이데아가 바로 가장 나다운 나, 가장 이상적인 나이기 때문이다. '이건 내가 아니야!'라는 통찰을 가지고 나를 나답지 못하게 만드는 요소로부터 벗어나려고 한다면 이는 영혼의 힘이 작용한다는 증거다.

세상은 자꾸만 나에게 다른 사람을 위해 살도록 부추긴다. 남에게 보이기 위한 나의 모습, 혹은 다른 사람의 마음에 쏙 들기 위해 만들어내는 '가짜 자기'에 휩싸여 살게 만든다. 만약 '참 자기'를 찾는 일을 잊고 살아간다면, 영혼은 시들시들 힘을 잃어가고 있을 것이다. 본질적인 나로 살기 위해서는 영혼의 힘이 절대적으로 중요하다. 이데아가 완벽한 나의 모습이 아니듯이, 참 자기도 완벽하지 않다. 참 자기는 가공할 필요 없이 자유로운 나의 모습이다. 완벽하지 않아도, 지금의 내가 나답게 느껴지고 있는 모습 그대로 수용된다면, 그건 분명 나의 본질적인 이데아에 가까운 모습이다.

그래서 영혼의 숨을 풍성하게 하는 말-숨 중 하나가 바로 이것이다. "완벽하지 않아도 괜찮아!" 완벽은 늘 타인의 검열대를 통과하기 위한 기준이기 때문이다. 타인의 높은 기준을 내려놓고 내가 나를 기꺼이 통과시켜주면 영혼의 기능은 배가된다.

대체 동굴 밖에 무엇이 있기에

"나는 생각한다. 고로 존재한다." 철학자 데카르트의 유명한 명제다. 그에게는 인간의 인식 기능이 존재의 선결 조건이었다. 누구나 초등학교에 입학하면 국어를 배워야 하고, 제일 먼저 해야 하는 숙제는 일기쓰기였다. 우리가 언어를 습득하고 생각하는 기능이 시작될 때, 비로소 자기 성찰이 시작된다고 배웠다. 이는 인식 가능한 내가 존재하기 시작하는 순간이다.

철학자 하이데거는 "언어는 존재의 집"이라는 명제를 남기기도 했다. 언어라는 이름표가 있어야 존재가 태어난다. 나비와 나방의 구별이 없는 프랑스에서는 '빠삐용 (papillon)'이라는 단어 하나가 나비와 나방 모두를 칭한다. '나방'이라는 한국어가 있기에, 비로소 나비와 구별되는 나방의 존재가 우리에게 탄생한다. 나방이란 곤충이 프랑스에 존재하지 않는 것은 아니다. 하지만 프랑스의 나방은 나비로 존재할 뿐, 나방으로 존재하지 않는다는 설명이 가능하다.

나방과 나비의 존재가 한국과 프랑스에서 다른 방식으로 존재한다고 여기는 것은 언어 사용 주체의 관점에서 보는 인식에 불과하다. 나방이 나방답게 존재하는 것은 우리가 사용하는 언어와는 무관하다. 나방은 인간이 쓰는 언어와 상관없이 나방다움의 존재를 위해 생명을 이어가기 때문이다. 나방이 나방으로 불리든지 빠삐용으로 불리든지 간에 나방은 나방다운 생을 산다는 말이다. 본질적인 나방, 나방의 이데아는 결코 인간의 언어나 인간의 인식으로 담을 수 없는 동굴 밖에 있다.

인간도 마찬가지다. 열세 살의 아이는 한국에서는 초

등학교 6학년으로 불리고, 미국 캘리포니아 주에서는 중학교 1학년으로 불린다. 학제가 다르기 때문이다. 이 아이가 한국에서 살면 중학생으로서의 존재는 없어지는 셈이다. 언어와 학제는 이 아이가 이 아이답게 살아가는 '본질적인 자기'와는 아무런 관련이 없다. 누구도 헤아려 알 수 없는 그 아이의 변치 않는 본질, 이데아의 존재가 분명히 동굴 밖에서 그를 기다리고 있다. 부모가, 친구가, 그리고 사회적 인식이 자꾸만 그를 규정하려고 할지라도 그의 '참 자기'는 고유하게 존재한다.

중요한 사실은 인간의 참 자기는 우리를 직접 찾아오지 않는다. 동굴 밖에 존재하기 때문이다. 동굴 안에는 우리를 자꾸 자신의 이름으로 규정하는 수많은 타인들로 가득 차 있다. 아주 어린 시절부터 누군가에게 '착한 아이'라는 이름으로 불리기도 하고, '나쁜 자식'으로 불리기도 한다. 언제부터인가 친구들로부터 '이상한 놈'이라는 딱지가 붙기도 한다. 가장 흔하게 붙여지는 이름표 중 하나는 '그저 평범한 애'라는 이름이다. 우리는 그 이름 안에 갇히고, 그 이름으로 존재해야 되는 줄 알게 된다.

우리를 동굴 밖으로 인도해줄 플라톤은 이미 세상을 떠났다. 그를 잇는 희랍의 철학자들도 모두 죽었다. 그들의 메시지를 이해하고 이제 우리가 스스로 동굴 밖으로 나가야만 하는데 그게 말처럼 쉽지는 않다.

'교육하다'라는 영어 단어 'educate'의 어원인 라틴어 'educare'는 동굴 밖에 있는 참 자기를 향해 밖(e)으로 '이끌어낸다(ducare)'는 뜻이다. 그런데 한국에서의 교육은 정반대 방향으로 굴러간다. 참 자기를 찾는 일이 아니라, 남을 따라 하는 일로 변질되었다. 남들이 가는 학원이나 대학에 가야 하고, 부모가 자랑스러워할 직장에 취업하기 위해 교육이 필요하다는 식이다.

혹자는 자신 안에 있는 잠재력을 '이끌어내는' 작업이 교육이라고 설명한다. 이 역시 맞는 말이다. 자기 안에 깊숙이 감추어져 있는 참 자기를 끌어내는 일도 충분히 가능하기 때문이다. 동굴 밖의 세상을 자칫 죽은 후 영혼이 가는 사후세계라고 오해할지 모르겠는데, 실은 그 반대다. 동굴 밖 세상은 내가 존재하기 훨씬 이전부터 있었던 '본질적인 자기'가 존재하는 곳이다. 그래서 동굴 밖이 바로 우리의 마음 깊숙한 곳일 수도 있다. 내면 가장 깊숙한 곳에는 아주 오래된 우리의 이데아가 숨겨져 있다.

우주의 나이만큼 오래된 존재

이데아를 찾아내는 방법은 우리가 인식하기 전부터 존재했던 방식을 추적하는 것이다. 지금 나는 서울 자택의 공부방에 있는 책상에서 노트북으로 글을 쓰고 있다. 내 눈 앞의 책상은 언제부터 존재했을까? 이 책상을 서울의 어느 가구점에서 구입했다면, 그곳이 책상의 존재의 시작일까? 구입처와 생산처는 다르다. 생산처는 경기도의 한 공장으로 거슬러 올라가야 한다. 그런데 책상이 그 생산처에서 처음부터 책상이었던 것은 아니다. 강원도에서 운반된 한 통나무 재료가 그 공장에서 '책상'이라는 이름으로 불릴 수 있도록 제작된 것이다. 책상을 구성하는 나무는 인간으로 따지자면 마치 근육조직에 해당되는 물질이다. 그런데 나무와 근육조직도 그 기원을 거슬러 올라가면 여러 가지 구성 원소에서 비롯되었다. 물질을 구성하는 수많은 원소들이 처음부터 나무나 인간으로 만들어질 계획이 있었던 것일까?

종교적으로는 조물주가 이런 계획 가운데 만물을 창조했다고 믿을 수 있다. 그래서 모든 만물을 쪼개지지 않는 원소라는 단위에서부터 분자, 그리고 물질을 통해 비물질적인 영혼까지 만들었다고 여기는 믿음이 창조 신앙이다.

종교적인 창조 신앙 없이 과학적으로 분석하려고 한다면 이러한 원소에서 물질로, 그리고 영혼으로 오랜 기간 동안 서서히 그리고 우연하게 생성되었다고 설명한다. 조물주의 기획설은 과학적으로 적절치 않기 때문이다. 그래서 전혀 새로운 단계의 존재 형태로 불쑥 생성되었다는 '발현속성' 혹은 '창발성(emergent property)'을 주장할 수밖에 없다. 그렇다면 발현속성 혹은 창발성은 종교의 창조성(creativity)과 크게 다르지 않다. 나는 과학적인 사고를 철저히 견지하려는 종교인이다. 나는 발현속성 혹은 창발성이라고 부르는 과학적 용어를 가끔 철학적으로 해석해보곤 한다. 모든 존재는 존재 이전부터 있었던 '지향성'을 발현해 존재하게 되었다고 말이다.

책상의 존재는 원소가 생성된 시점부터 책상으로 지향되어왔기에 비로소 지금의 책상으로 존재하게 되었다. 인간으로서 나의 존재도 마찬가지다. 산소, 탄소, 수소, 질소 등 20~30여 개의 원소가 생성된 시점부터 지금까지 내 신체로 지향성을 가지고 나를 구성해왔다. 물질적인 원소를 지금의 나로 지향하도록 만든 것은 바로 비물질적인 영혼의 힘이다. 그런 점에서 보면 지금 내 나이는 53세가 아닐 수 있다. 140억 년 물질 생성의 역사만큼 오래되었을 수도 있다. 그때 생성된 여러 가지 원소들이 지금의 나의 존재를 만들기 위해 지향성을 가지고 존재해왔기 때문이다.

그 지향성은 대체 무엇인지, 누가 기획하고 운영하는지 추적하는 일은 종교의 영역일 수 있다. 굳이 지향성의 배

후를 추적하고 싶지 않은 이들에게는 발현속성 혹은 창발성이 가장 적절한 용어라 할 수 있겠다. 하지만 철학적으로 내 존재를 파악하는 일은 결코 물질의 진화만으로 설명할 수 없다. 지향성이 없으면, 우리는 그저 물질에 불과했기 때문이다. 인간 존재를 향한 지향성으로 인해 우리는 느끼고 생각하고 그리고 상상하는 영혼의 존재로 이 순간을 살고 있다.

우리는 우주의 생성만큼 오랜 시간 동안 지향성을 가지고 지금까지 구성되어온 영혼의 존재라는 사실을 기억해야 한다. 우연이라고 하기에는 우리 존재는 너무도 신비롭다. 나의 신체 조직도 내가 결정한 바 없고, 나의 부모도 우리가 선택한 바 없다. 그래서 우리의 존재는 더 큰 지향성이라는 힘에 의해 오늘에 이르렀다.

우리가 어떤 모습을 향해 지향되었는지 정답을 알려줄 수 있는 현인이 없다면, 우리가 스스로 찾아야 한다. 우리는 본질적인 나의 모습, 가장 이상적인 나의 모습, 나의 이데아를 위해 지금도 달려가고 있는 중이기 때문이다. 지금의 나는 내가 아닐 수 있다. 지금의 나는 참 자기가 아닐 수 있다.

내가 아는 나를 완료형으로 생각하지 말자. 지금도 나는 참 자기를 지향하고 있다. 원소를 물질로 구성하고, 물질을 다시 지금의 나로 애니메이션해온 영혼이 바로 지향성을 추구하는 주인공이다.

지금껏 나는 주위 사람들을 만족시키기 위해 애써 아무렇지 않은 척 살아가느라 바빴을 수 있다. 이제 가짜 자기로 사는 데 지치고 지쳐 '이게 진짜 나는 아니야!'라는 생각이 든다면, 지금이 바로 절호의 기회다. 영혼이 드디어 말을 걸었기 때문이다. 진짜 나, 나의 이데아는 현재 '내가 아는 나'의 모습이 아니라고 말이다.

2부

자기와 타인 사이에서 나다움 찾기

혹독한 이별 경험으로
알게 되는 것들

//

　미국 유학 시절에 첫딸이 태어났다. 어느 날 목을 가누지 못하는 어린 딸을 옆에 누이고, TV에서 하는 자연 다큐멘터리를 아내와 함께 시청하고 있었다. 프로그램의 주인공은 기린이었다. 기린이 선 채로 새끼를 낳고 있었다. 유난히 긴 다리를 가진 어미 기린의 엉덩이 부분에서 자루 같은 큰 물체가 툭 떨어졌다. 새끼 기린이 처음으로 세상에 나오는 장면이었다. 아내와 나는 새끼 기린이 행여 다치진 않았을까 걱정하면서 어미 기린의 반응을 유심히 지켜보았다. 우리 같으면 놀라서 어린 새끼를 끌어안고 노심초사했을 것 같은데, 어미 기린은 너무나도 침착했다. 게다가 우두커니 새끼를 바라보더니 선 채로 뒷발질을 하는 게 아닌가. 무정해 보이는 어미의 뒷발질은 계속되었다. 그러자 새끼 기린은 서서히 고개를 들고 몸을 일으켰다. 그런 뒤에도 어미 기린은 새끼를 향해 발길질을 멈추지 않았다. 잠시 후, 비틀거리던 새끼 기린이 결국 네 발로 일어섰다!

아내와 나는 깜짝 놀랐다. 태어난 지 몇 달 된 우리 아이와 비교를 해보니 뭔가 좀 묘한 느낌이 들기도 했다. 신생아가 열 달 정도는 커야 가능한 일을 저 기린은 태어난 지 1분도 안 되어 스스로 해낸 것이 아닌가. 너무 대견스러웠다. 새끼 기린의 거사는 거기서 끝나지 않았다. 목이 거의 접혀 있었던 새끼 기린은 꿈틀거리기 시작하더니 이내 목을 길게 세웠다. 아내와 나는 동시에 탄성을 질렀다. 그러고 나서 자연스레 우리의 시선은 자고 있는 아이를 향했다. 목 하나도 제대로 가누지 못하는 딸아이는 가운데에 구멍이 뚫린 베개에 머리를 의지한 채 가만히 누워 있었다. "얘는 대체 뭐하는 거지?"

갓난아이에게도 '자기'가 있을까?

갓난아이는 참으로 무력해 보인다. 기린과 같은 포유류와 비교해봐도 신체발달 속도가 현저히 떨어진다. 그래서 엄마의 역할이 지대하다. 엄마 없이 갓난아이가 할 수 있는 일이 무엇이 있겠는가. 아기가 태어나면 엄마는 직장 생활은 물론이고 가정생활 전반이 달라진다. 여성으로서의 삶도, 때때로 아내로서의 삶도 뒷전이 될 만큼 아이에게 집중해야 하기 때문이다.

막 태어난 아기는 그저 엄마의 젖을 먹고 똥 싸고 자는 일밖에 하지 않는 듯 보인다. 사람들은 젖 먹는 아기를 들여다보면서, 아무 생각 없이 세상 근심 모르는 최고의 팔자라며 내심 부러워하기도 한다. 정말로 갓난아이들은 아무 생각이 없을까?

엄마 품에 안겨 젖을 먹는 아기는 그저 모유만 공급받는 것이 아니다. 아기는 젖을 먹는 내내 엄마와의 눈 맞춤을 멈추지 않는다. 엄마는 사랑의 눈빛으로 아이를 바라보면서 뭔가를 계속해서 중얼중얼 얘기하기 마련이다. 그래서 젖을 먹는 아이는 미각만 사용하는 것이 아니라 시각, 후각, 그리고 청각을 함께 사용해 엄마와 소통한다. 미국의 정신의학자 대니얼 스턴(Daniel Stern)은 엄마와 아이만이 알아듣는 감각적인 소통 방식을 '엄마어(motherese)'

라고 이름 붙였다.

막 태어난 나의 첫딸은 엄마 품에서 잠들기 전에 유난히 엄마의 귀를 만지작거렸다. 하도 힘이 세어서 아내의 귀밑이 헐 정도였다. 한번은 지친 아내의 귀를 대신해 슬쩍 내 귀를 딸에게 들이대었다. 그랬더니 잠들기 직전이었던 아이가 갑자기 눈을 번쩍 떴다. 나는 나쁜 짓을 하다 들킨 사람처럼 아이와 눈이 마주쳤다. 어린 딸은 소리를 꽥 지르더니 다시 엄마의 귀를 찾아 손을 옮겼다.

이렇게 갓난아이는 생후 1개월만 되어도 여러 가지 감각을 통합해 사람과 물체를 식별하는 원초적 감각을 발휘한다. 대니얼 스턴은 갓 태어난 아기가 스스로 엄마와 소통하면서 자신만의 경계를 만들어가는 능력을 '창발적인 자기(emergent self)'라고 불렀다. 아직 고급스러운 생각은 전혀 하지 못하고 미미한 인지능력조차 없는 듯하지만, 마치 자기 구역을 만들어내며 '나의 소유'에 대한 감각을 발현시킨다는 점에서다. 갓난아이였던 내 딸이 엄마의 귀를 자기 소유처럼 여겼던 것처럼 말이다.

자기(self)를 연구하는 철학자들은 아기가 자기 자신을 인식하려면 최소한의 인지능력이 필요하다고 믿었다. 하지만 스턴은 언어나 인식기능이 전혀 없는 아기가 원초적인 감각능력만을 가지고도 자기(self)를 구성한다고 주장했다. 굳이 머리로 생각하지 않고도 자신의 존재를 감각적으로 느낄 수 있다는 것이다. 특이한 점은 영아가 발현시키는 '창발적인 자기'는 아마도 엄마와 자신을 하나의 통합체로 경험하고 있을 것이라는 점이다.

갓난아이에게 직접 물어볼 수는 없지만, 한번 의문을 가져보자. 막 태어난 아기가 엄마의 젖가슴을 자신과는 엄연히 구별된 타인의 신체 일부라고 여길까? 갓난아이에게 엄마라는 존재는 그저 태어남과 동시에 갑자기 발현된 '나'의 일부분이라고 인식될 수 있다. 예컨대 갓난아이가 엄마의 젖가슴을 찾아내는 능력은 실로 놀랍다. 대니얼 스턴과 같은 정신의학자들이 엄마 또래의 여성들과 엄마를 섞어서 수차례 실험을 한 결과, 아기들은 자기 엄마의 가슴을 눈을 감고도 귀신같이 찾아냈다.

깜깜한 밤에도 엄마 젖을 찾아내 무는 아기의 운동감각은 어디서 배운 것 같지 않다. 엄마의 냄새를 후각으로 찾아내는 걸까? 아니면 엄마의 살갗을 느끼는 촉각으로 알아보는 걸까? 그것도 아니라면, 엄마의 숨결을 청각으로 구분해내는 걸까? 학자들은 갓난아이가 오감을 총출동시켜서 그중 몇 가지 감각을 종합해 자신만의 특별한 인지능력을 만들어낼 것이라고 추측한다.

이러한 오묘한 인지능력은 배운다고 키울 수 있는 능력이 아님은 분명하다. 아마도 엄마 배 속에서 나온 직후부터 툭하고 발현된 창발성의 능력이 아닐까 싶다. 그렇다면 갓난아이에게도 영혼의 창조적인 힘이 내재되어 있어서, 이러한 기초적인 신체 감각들을 연결하고 다시 엄마라는 대상에게로 애니메이션하는 것이라 여긴다면 무리일까?

이렇게 태어난 직후 엄마와 하나로 연결되어 있는 상태를 영혼이 주는 상상이라고 여겨보자. 이런 영혼의 느낌은 유아가 처음 인식하는 자기(self), 즉 '엄마와 자신의 통합체'를 안전하고 온전한 자기 자신이라고 느끼는 특별한 감각을 가능하게 한다. 이렇게 유아의 영혼은 기린보다도 생존이 훨씬 불안한 자기 자신을 좀 더 안전하게 유지시키는 힘을 발휘한다.

아기가 엄마를 공격하는 이유

갓난아이는 생후 2개월이 넘어가면 자신의 신체가 엄마와 분리된 것임을 서서히 인식하기 시작한다. 자신과 거의 한 몸을 이루었던 엄마가 점차 엄마의 삶으로 복귀하기 때문이다. 갓난아이는 결국 엄마의 존재가 자신의 신체 일부가 아니었다는 사실을 느끼게 된다. 이는 엄청나게 충격적인 이별 경험일지 모른다. 아기는 자신의 홀로 된 몸을 느끼는 '신체적 자기(physical self)'를 처음 경험한다. 이때 유아의 신체적 자기는 실로 엄청난 불안과 분열을 경험할 수밖에 없다. 기린처럼 자기 발로 설 수 없고, 엄마 없이는 한시도 존재할 수 없음을 온 몸으로 느끼기 때문이다.

대니얼 스턴은 이 단계를 '핵심적 자기(core self)'라고 부르기도 했다. 명칭 자체가 주는 의미가 크다. 유아가 가장 핵심적으로 느끼는 자기 자신은 이제 가상의 두 몸(엄마와 자기 자신의 연합체)이 아니라, 진짜 자기 자신의 몸만을 인식하는 단계다. '핵심적 자기'의 상태에서는 엄마와 나를 연결하는 영혼의 상상이 절대적으로 필요해진다. 영혼의 상상이 제대로 작용하지 않으면 극도의 불안을 경험하게 된다. 그런 이유로 갓난아이가 신체적인 몸만 경험하게 되는 핵심적 자기로 전락한 상태에서는 엄마의 적절한 역할이 매우 중요하다. 엄마가 갑자기 상실되면 아기의 심리적인 충격이 더 커지기 때문이다.

어떤 정신의학자들은 엄마가 자신과 연합되어 있는 통합체라고 경험했던 '창발적인 자기'에서 이제 '신체적 자기' 혹은 '핵심적 자기'라는 불안한 개체 경험으로 축소하게 될 때, 유아는 거의 조현병 수준의 분열을 경험한다고 지적하기도 했다. 차라리 이전의 통합적인 경험이 없었다면 모를까, 갑작스러운 분리를 받아들여야 하는 현실은 모든 갓난아이들을 엄청난 '멘붕'에 빠뜨린다. 이제 엄마가 나의 신체 일부가 아니며, 신체적으로 부실한 내가 엄마 없이는 살기 어려운 존재라는 사실을 가슴 아프게 느낄지도 모른다.

대니얼 스턴이 강조한 핵심적 자기는 생후 2개월에서 6개월 사이의 아기가 경험하는 현실을 표현한 것이다. 엄마와의 자연스러운 분리를 통해 유아는 가상의 두 몸이라는 환상에서 하나의 몸으로 축소되는 현실을 맞닥뜨린다. 이때는 환상의 세계에서 하나 됨을 누리는 영혼의 경험보다는 현실적인 신체 경험이 훨씬 강화되는 시기다. 한마디로 핵심적 자기는 처음으로 혼자가 되는 것을 체험한다. 이는 내가 아닌 첫 번째 타인을 경험하는 일이기도 하다. 바꿔 말하면 자기의 핵심은 진짜 내가 가진 한 몸으로 다시 태어나는 것이고, 나와의 한 몸에서 분리되어 나온 남을 뼈아프게 지켜보는 것이다.

이렇게 우리는 모두 유아기(乳兒期)에 혹독한 이별을 경험했다. 예외는 없다. 엄마 몸에서 태어나지 않은 사람은

———

엄마와의 자연스러운 분리를 통해
유아는 가상의 두 몸이라는 환상에서
하나의 몸으로 축소되는 현실을 맞닥뜨린다.
이는 내가 아닌 첫 번째 타인을 경험하는
일이기도 하다. 바꿔 말하면 자기의
핵심은 진짜 내가 가진 한 몸으로
다시 태어나는 것이고, 나와의 한 몸에서
분리되어 나온 남을 뼈아프게
지켜보는 것이다.

없으므로. 그저 고립감만 경험한 것이 아니다. 처절하게 공허하고 공포감을 주는 허허벌판에서 혼자 버텨야 하는 고통이 따랐다.

어느 날 갑자기 두 몸에서 한 몸으로 남겨지는 일은 그저 원래의 나 자신으로 원상 복구되는 경험이 아니다. 두 몸이 한 몸처럼 소통했던 창발적인 자기가 체험한 일치감은 마치 세상을 모두 소유한 듯한 최상의 만족감을 주는 느낌이었다. 하지만 이제 새로운 현실은 숨쉬기조차 힘든 화생방 훈련으로 내몰리는 공포를 안겨줄지도 모른다. 그렇기 때문에 엄마는 빨리 아이에게 돌아와야 한다. 잠시만 떨어져 있다가 돌아와도 갓난아이는 패닉 상태가 되어 있을 수 있다. 잠든 아이를 두고 부엌에서 잠깐 설거지를 하는 동안, 아이는 어느새 잠에서 깨어 울다 지쳐 혼자 지옥 훈련을 하고 있었을지도 모른다. 깜짝 놀란 엄마는 정신없이 울다 지친 아이를 일으켜 젖을 물린다.

이때 아이는 갑작스러운 행동을 할 때가 많다. 별안간 엄마를 공격하는 것이다. 그렇지 않아도 구강구조에 모든 에너지를 담고 사는 갓난아이가 젖 먹던 힘을 다해 엄마의 유두를 깨문다. 엄마로서는 전혀 예기치 못한 돌발 상황이라 할 수 있다.

유학 중에 첫딸을 키울 때는 엄마의 유두를 깨물어대는 아이의 공격성이 매우 보편적이라는 사실을 전혀 알지 못했다. 딸아이가 얼마나 심하게 깨물었는지 아내의 상처가 점점 심해졌지만, 동양의 아이가 유별나게 거칠다는 소리를 들을까 봐 병원 가는 일을 꺼렸었다. 결국 뒤늦게 병원을 찾았다가 의사에게 얼마나 어리석은 부모 취급을 받았는지 모른다.

그때 찾아 읽은 정신분석학자들의 문헌을 살펴보니, 학자들은 이러한 공격성을 '이빨을 가진 사랑'이라고 부르고 있었다. 우리 아이만 유난스러운 게 아니었다. 아이가 엄마에게 갑작스럽게 공격성을 보이는 건 세상의 모든 아이들이 행하는 '엄마와의 특별한 이별식'인 셈이다. 보통 성인의 경우도 이별이 유난히 아플 때는 그 사랑이 지고했기 때문이 아니던가?

어쩌면 아이가 생전 처음으로 공격성을 보였다는 것은 이 세상에서 자기가 아닌 첫 번째 대상을 발견했다는 말도 된다. 누구든지 대상이 있어야 공격할 수 있기 때문이다.

영국의 정신분석학자 도널드 위니컷(Donald W. Winnicott)은 아이가 처음으로 발견하게 되는 엄마라는 대상을 '내가 아닌 존재(not-me)'라고 이름 붙이기도 했다. 핵심적인(신체적) 자기를 느끼기 전에는 나의 소유인 줄 알았던 엄마가 실은 '내가 아닌 존재'였다. 그리고 그 대상을 발견한 직후, 무슨 적이라도 만난 양 거친 공격을 시도하는 것이다.

이 역시 갓난아이에게 직접 물어볼 수 없으니, 한번 짐작이라도 해보자. 내가 아닌 대상을 생전 처음 발견한 갓난아이는 왜 불현듯 공격을 하는 걸까? 갑자기 미움이라는 감정이 발동한 것일까? 아니면 괜히 시비라도 걸어보는 것인가? 빨리 젖을 달라고 어른들이 잘하는 '밀당'이라도 시도하는 걸까? 세상의 모든 아기들이 유사하게 이러한 행태를 보인다면 이 역시 모든 갓난아이가 겪는 매우 보편적인 심리적 기제라고 볼 수 있을 것이다.

충분히 좋은 엄마

갓난아이의 마음을 최대한 가깝게 느껴보려면, 생후 1~2개월이었을 때의 경험을 돌이켜봐야 한다. 신생아 시절에 영혼이 상상의 나래를 폈던 '창발적인 자기'는 얼마나 행복했던가? 자신의 소유나 구역을 선점하는 데 얼마나 거침이 없었던가? 누구에게도 방해받지 않고, 엄마 품에 안겨 있어 거의 신체적으로 그리고 심리적으로 연합했던 경험은 나의 욕구를 거의 대부분 속전속결로 충족시켜 주었을 것이다.

그런데 갑자기 청천벽력 같은 변화가 일어났다. 내 세상이 180도 바뀌었다. 최초의 자기 감각, 즉 창발적인 자기와는 극적으로 대비되는 엄청난 공포와 불안을 경험한다. 자율신경계는 극도의 긴장과 스트레스를 받고, 과각성 상태로 바뀌게 된다. 나를 둘러싼 모든 환경에 예민하게 자극받을 수 있는 신체적 자기로 바뀌는 것이다. 마치 한껏 놀란 고슴도치가 온몸의 가시를 하늘로 향하게 곧게 세우고 경계하는 이치와 비슷하다.

이런 긴장 상태에 갑자기 등장하는 '나 아닌 존재'가 바로 엄마다. 엄마는 극도의 불안을 품은 신체적 자기를 경험하는 아이에게 그저 무방비로 유두 부분을 공격당할 운명이다. 엄마의 애달픈 숙명은 여기서 끝나지 않는다. 이런 아이와 절대 맞서 싸울 수 없는 것이다. 함께 깨물 수도 그렇다고 화내면서 젖 주기를 거부할 수도 없다. 그저 무조건적으로 아이를 받아들이고 다시 안고 젖을 먹이는 수밖에.

이렇게 보복하지 않는 엄마, 아이에게 본의 아니게 불안과 공포, 때로는 분열의 경험을 안겨주지만 다시 돌아와 품어주는 엄마에게 도널드 위니컷이 멋진 별명을 붙여주었다. '충분히 좋은 엄마(good enough mother)'라고 말이다. 모든 엄마들이 충분히 좋은 엄마다. 갓난아이가 결국 자신의 몸에서 엄마를 떼어낼 수밖에 없는 운명이라면, 그 아이가 그래도 핵심적인 자기를 느끼면서 독립하는 데는 엄마의 역할이 절대적이다.

학자들의 표현처럼 우리가 유아기에 조현병 수준의 분열을 경험하고도 지금 이렇게 스스로를 건사하고 살 수 있는 것은 다 엄마 덕이다. 갓난아이였던 우리의 거친 공격을 마다 않고 우리를 품어주고 먹여주던 엄마가 있었기에, 엄마의 존재가 느껴지지 않을 때 다시 돌아올 '좋은' 엄마를 상상할 수 있었다. 일단 울고 보채면 엄마가 혜성같이 날아서 우리에게 온다고 소망할 수 있었다.

성인이 된 우리가 자신이 바라고 원하는 사람이 지금 옆에 없어도 심리적으로는 곁에 함께 있다고 환기할 수 있는 영혼의 상상력은 '충분히 좋은 엄마'와의 상호경험이 준 선물이다. 바라고 그리워하는 누군가를 항시 옆에 둘 수 없어도, 언제든지 그 사람을 내 마음속에 끌어와서 동행의식을 가질 수 있는 상상의 힘은 우리가 갓난아이 때 체득한 능력이다. 이것이 바로 영혼의 애니메이션 능력이다.

신체적으로 누군가를 상실했다고 그가 없어지는 것은 아니다. 늘 마음 깊은 곳에서 우리의 영혼은 언제나 그 누군가와 함께한다고 상상할 수 있다. 참 놀라운 인간의 능력이다. 다 엄마 덕분이다.

살갗으로 어루만지고
안아준다면

대니얼 스턴 같은 정신의학자들은 생후 6개월이 지난 아기는 확실히 자기 자신과 엄마를 구분하며, 이 시기부터 돌을 지나 15개월 정도까지가 '주관성(subjectivity)'이 생기는 시기라고 설명한다. 철학적으로는 주관성이라는 것이 꽤 어려운 개념 같아 보이지만, 스턴 같은 정신의학자의 경우에는 아이가 자기 자신의 신체뿐 아니라 심리적으로도 자기 자신의 존재를 확실하게 인식하는 정도를 의미하는 것 같다. 막 돌 지난 아이가 거울을 보면서 자신과 다른 사람을 동시에 비춰보기도 하고, 자기 자신의 모습을 유심히 관찰하는 현상도 이러한 주관성을 가지고 있기에 가능하다는 것이다.

하지만 아무리 생각해도 유아기에 처음 생기는 주관성이란 자기 자신의 생각이나 의지를 강력하게 피력하는 능력을 의미하지는 않는다. 아이가 돌잡이에서 연필을 집으면 부모는 아이가 장차 위대한 학자가 될 수도 있다고 내심 기대는 하겠지만, 아이 스스로 주관적인 의지가 있어서 그런 선택을 했다고 믿지는 않는다.

그렇다면 아기에게 주관성이 생긴다는 정신의학자들의 말은 어떻게 이해할 수 있을까? 실은 생애 첫 주관성이란 아기가 타인과 있을 때 자기 자신을 편안하게 느끼는 감각이다. 즉 외부세계에 대해 불안을 느끼던 아기가 어느 한 대상으로부터 안전감을 얻을 때 느끼는 감각적 경험이란 소리다.

놀랍게도 유아를 연구하는 학자들이 독창적으로 주장했던 '주관성'의 개념은 오늘날 현대를 사는 우리 성인들의 자기(self) 경험에도 적잖이 영향을 끼칠 수 있다.

'생각'이 아닌 '느낌'에 달려 있다

말 못하는 갓난아이와 온갖 감각을 동원해 소통하던 엄마는 반년의 시간이 지날 즈음부터는 아이의 느낌을 단번에 알아차리는 도사가 된다. 눈으로 말하고, 표정으로 말해도 충분히 통하는 수준이다. 아기에게 '주관적 자기

(subjective self)'가 생겨나기 위해서는 만 7개월에서 15개월 사이에 엄마와 느낌을 조율하는 일이 필수적이다.

물론 이 시기는 아직 언어적인 소통을 충분히 할 수 없는 단계다. 돌이 지나도 아기는 기껏해야 20여 개의 단어를 가지고 자신을 표현하지만, 엄마는 느낌으로 아이와 소통한다. 이 시절의 주관성이란 글로 자신을 나타내거나 일기를 써서 만들어지는 것이 아니다. 주위에 있는 가장 중요한 타자(엄마)와 느낌을 나누면 아이는 자기 자신을 분명하게 느낀다. 그렇게 따지면, 주관성이란 좌뇌가 사고하는 인식이기보다는 우뇌가 느끼는 감각에 가깝다.

주관성이 부족하다며 고민하는 사람들이 많다. 이들이 말하는 주관성이란 과연 무엇일까? 스스로 결정하는 일을 어려워하고, 다른 사람의 눈치를 많이 보는 이들이 자신의 주관성 부족을 탓한다. 그들이 판단하는 주관성 부족 현상은 어쩌면 그들이 유아기에 경험한 최초의 주관성 형성과 관련이 있을 수 있다. 어렸을 때 엄마와 느낌을 잘 나누었던 아이가 자라서도 주관성이 뚜렷한 자기를 갖는다는 말이다. 주관성은 생각이 아니라 느낌이다. 게다가 역설적이게도 나 자신의 주관성은 내 생각과 의지로 생기는 것이 아니라, 남과 공유할 때 경험하는 것이다.

　자신에게 주관성이 없다고 믿는 이들이 달라질 수 있는 방법이 있을까? 생전 주관성 없이 살아왔다는 사람들이라면, 이제 와 어떻게 그런 주관성을 가질 수 있을지 앞이 깜깜하고 답답할지 모르겠다.

　바로 그런 이유로, 최초의 주관성이 남과 공유하는 정서에서 비롯되었다는 사실을 아는 것은 매우 중요하다. 흔히 주관성을 태어날 때부터 이미 가지고 있는 특별한 기질로 이해하거나, 학식이 높고 성찰 능력이 출중해서 자기 자신에 대한 의견이 강할 때 생겨나는 것으로 믿기 때문이다.

　주관성은 타인과의 관계에서 느끼는 자신의 느낌이다. 어린아이였을 때 자기 자신에 대한 감각을 처음 가지기 주관성은 생각이 아니라 느낌이다.
게다가 역설적이게도 나 자신의 주관성은
내 생각과 의지로 생기는 것이 아니라,
남과 공유할 때 경험하는 것이다.

위해서는 중요한 타자가 반드시 옆에 있어야 했다. 성인이 주관성이 없다면 이치는 똑같다. 내가 그저 있는 모습 그대로의 나이길 원하는데, 옆에 있는 사람으로부터 받게 될 불안이 느껴진다면 주관성은 약해지기 마련이다.

학창 시절 수업 시간에 당신은 질문을 하고 싶을 때 아무 눈치 보지 않고 편안하게 질문할 수 있었는가? 질문에 대한 선생님의 평가가 미리 걱정된다면, 질문할 의지가 바로 꺾이고 만다. 주관성은 이내 약화된다. 당신이 예리한 질문을 제기할 수 없을 정도로 이해력이 부족해서 주관성이 없는 것이 아니다. 여러 친구들 앞에서 그리고 선생님과의 관계에서 당신 자신이 느끼는 감각이 바로 주관성의 강약을 좌우한다.

생후 7개월에서 15개월 사이에 엄마와의 정서적인 조율이 부실했다면 어찌해야 할까? 물론 어린 시절에 경험한 최초의 주관성이 중요하긴 하다. 하지만 그 최초의 주관성이 엄마와 공유된 정서에서 비롯되었다면, 다시 정서를 나눌 수 있는 관계를 형성함으로써 얼마든지 희망을 가져볼 수 있다.

20대 중반에 미국으로 유학을 가기 전까지 나는 수업 시간에 질문을 자주 하는 학생이 아니었다. 나 자신이 주관성이 강하다고 느껴본 적도 없거니와 학창 시절에 주관성이 뚜렷한 특별한 활동을 해본 기억이 별로 없다. 최고가 아니라면 그냥 묻어가는 게 상책이라고 여겼는데, 어차피 선생님은 항상 일등만 좋아한다는 편견이 강해서 그랬던 것 같다.

그런 내가 미국에서 유학을 하면서는 이전과 상당히 다른 모습으로 변해갔다. 유학 생활에 점차 적응해가면서, 수업 시간마다 편안하게 질문도 던지며 자기 의견을 피력하는 나 자신을 보게 된 것이다. 궁금한 게 있으면 남들은 전혀 신경 쓰지 않고 거침없이 질문을 던지는 개인주의 문화에 적응했기 때문일 수도 있다. 하지만 그보다 더 결정적인 계기가 있었던 것 같다. 때때로 나는 미국 학우들의 질문이 그리 스마트하지 않다는 것을 알았다. 하지만 학생의 질문을 대하는 선생님의 태도는 무척이나 놀라웠다.

'어라, 여기 교수들은 그 어떤 질문도 부정적으로 받아들이는 법이 없네?'

오히려 별것 아닌 부실한 질문도 그 가치를 높게 평가하는 게 아닌가. 한국에서보다 언어적으로 훨씬 불편한 상황이긴 했지만, 내가 어떤 질문을 했을 때 교수와 학우들의 반응을 보는 일은 긴장감이 훨씬 덜했던 기억이 있다. 내가 궁금하면 그저 자연스럽게 물어보는 일이 가능해졌다. 내게 없는 줄 알았던 주관성은 그렇게 점차적으로 자리 잡게 되었다.

우리나라의 자녀들과 학생들이 자기 의견을 내세우는 데 주저하고 주관성이 약해 보이는 이유는 바로 그들이 만나는 부모와 선생이 주는 불안 때문이다. 부모와 선생의 부정적인 평가를 불안해하는 순간, 주관성은 물 건너간다. 그런 상황에서는 그냥 가만히 있으면 중간이라도 간다는 삶의 지혜(?)가 훨씬 설득력을 얻지 않겠는가.

'얘가 누구를 닮아 이래? 똑 부러지지 못하고 자기 생각이 없네.' 그렇게 느껴진다고 해서 자녀를 몰아붙여서는 안 된다. 아이가 주관성이 없다면, 이는 곧 아이가 엄마나 아빠 앞에서 자신을 편안하게 느끼지 못한다는 얘기와 다름없기 때문이다. 부모가 불안을 조장하면 주관성은 점점 더 숨 쉴 여력이 없어진다. 아이의 주관성이 부족한 주된 원인은 때때로 혹독한 평가와 비난으로 아이에게 불안을 안겨준 부모에게 있을 수 있다.

성격과 기질을 좌우하는 변수

심리학자들이 15개월 된 아기가 자기(self)에 대한 일관성 있는 주관성을 가질 수 있다고 주장한다면 왠지 좀 어색하지 않은가? 심리학적으로 주관성이 타인과의 관계에서 느껴지는 상호 경험의 문제라면, 이는 만나는 사람에 따라 변화가 가능할 수도 있지 않겠는가? 일반적으로 주관성이 일관성 있는 자기 인식을 의미한다면, 심리적인 주관성과는 모순되어 보인다.

　미국의 대표적인 실용주의 철학자이자 하버드대학교 최초의 심리학 교수이기도 했던 윌리엄 제임스(William James)는 로크(Locke)와 같은 근대 철학자들이 말하는 변치 않는 부동의 인식적인 자기(unchanging, perceiving self)에 대해 논리적 난점을 표명한 최초의 이론가였다. 제임스는 자기(self)란 고정적이고 일관성을 추구하는 주체일 뿐만 아니라, 동시에 시간과 상황에 따라 변모하는 동적이고 순응성 있는 주체로서 기능한다고 보았다. 그는 '어떻게 하나의 주체가 일관성과 순응성을 동시에 기능적으로 수행할 수 있을까'라는 문제를 놓고 고민했다.

　그가 제안한 새로운 자기(self) 이해에는 바로 이러한 역설을 해결하기 위한 해석학적 노력이 담겨 있다. 제임스는 자기(self)가 두 가지의 기능적인 하부체계로 구성된다고 보았다. 이를 그는 '주격 나(the 'I')'와 '목적격 나(the 'Me')'로 구별했다. 하나의 자기 체계 안에서 '주격 나'는 의지적인 자기(volitional self)로서 로크 등이 주장하는 인식자(perceiver)의 기능을 하는 자기의 내부적 주체로 이해했다. 반면에 '목적격 나'는 아이가 첫 번째 타인인 엄마를 비롯해 가족 구성원을 발견하면서 가족 안에서 혹은 사회적으로 다양한 타인과 상호 작용하는 객체적 기능을 담당하는 부분이다. 자기(self)의 구성 과정을 보면, 주격으로 쓰이는 'I'와 목적격으로 쓰이는 'me'의 두 가지 기능은 성장 과정을 거치며 섞이게 마련이다.

어린 시절부터 타인이 나를 어떤 대상으로 여기는지가 내가 나를 인식하는 데 밀접한 영향을 미친다. 나를(the 'Me') 예쁘다고 여기는 대상이 많으면 많을수록, 나(the 'I')는 나 자신을 더욱 강력하게 예쁘다고 인식하게 된다. 굳이 이론적으로 구분하자면 인식자로서의 나(knower)와 인식되는 나(known)가 있는 것이다. 여기서 제임스의 공헌은 로크와 같은 철학자가 정의하는 인식적 주체로서의 자기(self) 안에서 외부세계와 타인에 의해 객체(object)로 인식되는 '목적격 나'를 구별해낸 것이다.

과거의 철학적 전통이 가지고 있는 정적이고 고정적인

자기 이해의 틀에서 새로운 인식의 전환을 가져왔다는 점
에서 제임스의 이론은 힘을 얻는다. 또한 제임스는 '목적
격 나'는 세 가지 요소로 구성되어 있다고 분석했다. 첫째
는 '물질적인 목적격 나(the material me)'이고, 둘째는 '사
회적인 목적격 나(the social me)', 마지막은 '영적인 목적
격 나(the spiritual me)'이다.

　제임스가 구분한 '사회적인 목적격 나'는 초창기 사회
학과 사회심리학 연구에 기초를 제공했다. '사회적인 목
적격 나'는 타인의 인식 가운데 받아들여지는 것을 인식
하는 주체(the 'I')의 인식 그 자체에서 발생한다. 부모나
타인이 아이를 받아들이고 상호 작용하는 방식은 가지각
색이다. 한 개인에게 다양한 '사회적인 목적격 나'가 생겨
날 때, 마치 여러 개의 '나'가 존재하는 것처럼 인식하게
된다.

　제임스가 말하는 '영적인 목적격 나'는 종교에서 말하
는 초월적이고 영적인 세계를 가리키는 것이 아니다. 나

를 둘러싼 타인은 내가 뚜렷한 의식을 가지고 사고하고 도덕적 결단과 행위를 하도록 요청한다. '영적인 목적격 나'의 기능은 개인이 심리적 기제와 기질이 안정적으로 자리 잡을 때 그가 보여주는 모든 의식의 총합이라고 이해할 수 있다. 제임스의 글을 읽다 보면 '영적인 목적격 나'가 가능한 한참 뒤에나 주관성이 생겨날 수 있을 것만 같다.

그런데 실은 그 반대다. 생후 7개월에서 15개월 사이에 주관성 경험은 앞에서 먼저 언급한 '물질적인 목적격 나'의 형성과 긴밀하게 맞물려 있다. '물질적인 목적격 나'는 무엇보다 나의 신체에 대한 감각에서 출발한다. 누군가가 내 신체의 일부를 건드리면 어떤 생각이 들까? 다른 사람이 나의 가슴을 만졌다거나 나의 엉덩이를 걷어찼다면, 가슴과 엉덩이는 그저 나의 신체의 일부로만 인식되는 것이 아니다. 당연히 인식자인 내가 누군가에게 성희롱 또는 공격을 당했다고 생각한다.

이 '물질적인 목적격 나'는 나의 안전감에 큰 영향을 주는 요소다. 누군가가 신체의 위해를 느끼게 하면, 인식자로서 극도로 불안해지기 때문이다. 생후 2개월만 넘어도 갓난아이는 신체적인 자기를 인식하고 불안해지기 쉽다. 앞서 이야기한 대로 아이는 엄마와 한 몸처럼 붙어 있었던 일체감 때문에 엄마가 빠져나가 홀쭉해진 자신의 몸에 대해 허한 느낌으로 가득하다.

　이러한 시기에 몸으로 인식하는 '물질적인 목적격 나'는 한 개인의 평생의 성격과 기질을 좌우하는 변수가 된다. 엄마와 신체를 통한 느낌의 교류가 많을수록 '물질적인 목적격 나'는 분열의 위험을 느낄 가능성이 적어진다. 비교적 안정적인 기질과 높은 사회성을 지닌 사람들의 가장 일반적인 특성으로 어린 시절 부모와의 관계에서 신체적인 접촉이 많았다는 점을 찾아볼 수 있는데, 이는 결코 우연이 아니다.

　혀로 핥거나 몸을 부비며 접촉하는 동물들이 있긴 하

지만, 인간처럼 섬세하고 따뜻한 손길로 어루만지고 쓰다
듬으며 사랑을 전하는 일은 그 어떤 동물에게도 용이하지
않다. 살갗을 통해 상대의 온 몸과 마음에 친밀감을 전달
하는 소통은 서로에게 생화학 반응을 일으키는 가장 이상
적인 방법이다. 여러 과학적 실험을 통해 밝혀진 것처럼
신체 접촉은 스트레스와 관련된 심혈관 반응을 즉각적으
로 줄이고 옥시토신 같은 심신을 안정시키는 신경화학물
질을 증가시킨다. 그럼에도 불구하고 정작 우리는 살갗을
통해 마음을 전하는 일이 영혼의 심오한 소통 방법이라는
사실을 자주 잊고 살아간다.

잃어버린 주관성을 되찾으려면

내가 입고 다니는 옷도 '나(I)'의 일부다. 명품을 몸에
두르는 일은 타인이 나를 보는 객체로서의 '물질적인 목
적격 나'에 대한 외부적 인식을 위한 것이다. 더 비싸고
좋은 자가용을 타려고 하는 것도 같은 이치라서, 자가용

은 단순한 운송수단이 아닌 나의 일부가 되기도 한다. 주체인 '나'는 자동차일 수 없지만, 자동차는 '물질적인 목적격 나'로 객체화되는 자기의 일부인 셈이다.

어린 시절에 신체 경험을 통해 '물질적인 목적격 나'가 안정감을 충분히 느낀다면, 인식자인 나(I)는 분명히 나를 괜찮은 사람으로 인식할 것이다. 문제는 내(I)가 '물질적인 목적격 나'를 충분히 안전하게 느끼지 못할 때다. 그러면 나를 둘러싼 물질이 나로 변하기 때문이다. 값비싼 명품 가방이, 번쩍번쩍한 외제차가 나로 둔갑한다. 그런 것들이 나를 빛나게 해주지 않으면 다른 사람들이 나를 알아봐주지 않을 거라고 여기는 것이다. 자연히 주관성은 없어지고 나를 쳐다보는 타인을 만족시키기 위한 '물질적인 목적격 나'만 남게 된다.

그러므로 어린아이는 무조건 많이 안아주는 게 좋다. 사랑받고 있다는 걸 충분히 느낄 수 있도록 마음을 담뿍 담아서 자주자주 쓰다듬어줘야 한다. 조물주가 인간에게만 특별히 선사한 살갗을 통한 사랑과 돌봄의 교류는 한 인간의 '생애 느낌'으로 남기 때문이다.

　나는 첫딸이 태어났을 때 아이와 보낼 시간이 많았다. 미국에서 석사학위를 마치고, 미국인 교회에서 담임목회를 하기 시작하던 참이었다. 백인 회중들은 아내가 만삭이 되었을 때부터 내게 아버지를 위한 출산휴가를 가지라고 종용했다. 아이가 태어난 후에도 여성 교인들은 담임목사가 교회에 나와 있는 모습을 마음 편히 지켜보지 못하고, 집에 가서 아이를 보라고 수시로 압력을 가했다. 덕분에 나는 대낮부터 어린 딸과 참 많은 시간을 함께 보냈다.

　내가 즐겨 하는 일은 갓난아이를 내 배 위에 올려놓고 낮잠을 재우는 것이었다. 내 두둑한 배 위에서 딸아이는 아주 편안한 자세로 잠이 들곤 했다. 그리고 나는 아이의 등을 자연스레 쓰다듬었다. 아이는 어딘가 불만이 있어서 보채다가도 내가 배 위에 올려놓고 등을 쓰다듬어주면 이내 안정을 찾고 잠이 들었다.

　내가 언제까지 어린 딸아이가 잠들 때마다 등을 쓰다듬

어줬는지는 기억이 잘 나지 않는다. 그 후에도 딸아이는 아빠인 나와 꽤 특별한 사이로 성장했다. 상담학을 공부하는 아빠에게 상담 대화의 좋은 연습 파트너가 되어주기도 했다. 사춘기를 심하게 앓던 딸아이는 어느새 고등학생이 되어 전국에서 꽤 똑똑한 학생들이 모인다는 자율형 사립 고등학교에 들어갔다. 아내와 나는 그 학교에 입학한 딸이 얼마나 대견스러웠는지 모른다. 그런데 늘 만족감이 넘쳐 보였던 아이가 언제부터인가 주눅이 들기 시작했다. 딸아이는 갑자기 달라졌다. 처음에는 자신의 실력에 대해 못마땅해 하더니 나중엔 외모와 집안 환경까지도 불만족스러워하고 점점 더 스스로를 비관했다. 그러다 결국 자기 자신을 사랑하는 마음이 완전히 사라져버린 것 같았다.

기숙사 생활을 했던 딸아이는 주말에 집에 오면 더욱 작아졌다. 집에서는 조금 편안해지기를 바랐건만 당당했던 딸의 예전 모습은 찾아볼 수 없었다. 공감에 대한 강의로 밥 먹고 사는 아빠의 잘난 공감능력도 아이 앞에서 빛을 잃었다. 엄마의 위로와 격려도 그다지 약발이 없는 것 같았다. 우리 부부는 차라리 아이를 일반 고등학교에 진학시킬 걸 그랬다면서 수도 없이 후회했다.

그러던 어느 날, 딸아이의 방에서 함께 이야기를 나누다가 아이가 스르르 잠이 들었다. 나는 침대에 엎드려 잠든 아이의 등을 몇 번 쓰다듬었다. 그러고 나서 자리에서 일어나려고 하는데, 아이가 이렇게 말했다. "계속 등 좀 쓸어줘요, 아빠." 아이가 아직 잠이 들지 않았던 모양이다. 그날 나는 한참 동안 딸의 등을 쓰다듬어줬다. 그 후로 아이는 주말에 집에 오면 잠들기 전에 꼭 아빠를 찾았다. 같이 이야기를 나누다가 딸이 잠들 때마다 등을 쓸어주기 시작했고, 때로는 아침에 딸을 깨우러 가서도 등을 쓰다듬어주는 일이 습관처럼 되었다. 그러자 거짓말같이 아이가 서서히 살아났다. 딸아이가 잃어버렸던 주관성을 다시 되찾아가는 것 같아서 정말 뛸 듯이 기뻤다. 나는 앞으로는 내 딸이 친구들에 비해 못난 점을 찾기보다는 자신이 자신다운 것이 무엇인지 느끼기를 바랐다.

우리 딸에게 어떻게 그런 변화가 일어났을까? 나는 어

렴풋이 느낌이 왔다. 이미 고등학생으로 훌쩍 크긴 했지만 그런 아이에게도 신체적인 접촉이 얼마나 중요한지를 절감하는 기회였다. 어쩌면 딸아이가 어린 시절에 아빠와 소통했던 기억을 되살린 건 아니었을까? 잘은 모르겠지만, 영혼을 가진 생명체의 원초적인 소통법이자 최초의 사랑 전달 방식인 신체 접촉이 죽어버린 주관성을 서서히 되살려낸다는 것만은 확실하다.

"신체 접촉은 애정의 시작이자 끝"이라고 말한 윌리엄 제임스의 말은 여전히 유효하다. 최근 연구에 따르면 우울증을 겪는 엄마가 아기를 정기적으로 만지고 마사지하면 무력감이 줄어들고 행복감이 상승한다고 보고하고 있다. 심지어 엄마가 아기를 어루만지는 장면을 학교폭력 가해 청소년들에 보여줬더니, 그것을 관찰하는 것만으로도 그들의 공격성이 줄어들게 되었다는 연구도 있다. 정말 놀랍지 않은가?

무엇보다 부모의 따뜻한 신체 접촉은 아이에게 실로 기

적 같은 선물을 선사한다. 이는 아이에게 가장 안전한 대상과의 접촉이기도 하면서, 살갗을 통한 느낌으로 무한한 안정감을 주고받는 소중한 경험이기 때문이다. 이를 통해서도 영혼이 활성화되는 것이 아닐까?

영혼의 작동 스위치를
켜는 방법

당신은 창조적인가? 그렇다고 대답하려면 당신은 어떤 기질 혹은 역량을 가지고 있어야 할까? 창조성은 특별한 기질이나 역량에서 비롯되는 것이 아니라고 믿을 수도 있다. 그렇다면 창조성은 타고나는 것일까, 아니면 교육이나 훈련을 통해 기를 수 있는 것일까?

명쾌한 정답을 알면 참 좋으련만, 누구도 쉽게 대답하기 어려운 것 같다. 창조성은 21세기 혁신적인 리더들이 갖추어야 할 역량이요, 성공을 결정짓는 핵심 가치이기에 우리는 창조적이지 못하면 뒤처진다고 믿는다. 대한민국 모든 고등교육기관에서 하나같이 강조하는 목표가 창조교육, 창의교육이 아닌가.

유아를 연구하던 학자들은 갓난아이가 처음으로 창조성을 갖게 되는 경험은 마음속에 누군가를 만들어내는 과정이라고 주장했다. 그 누군가는 바로 긴밀하게 연결하고 싶은 대상이다.

엄지의 힘, 영혼의 힘

엄지손가락의 주된 기능은 무엇일까? 누군가를 칭찬할 때 우리는 엄지를 추켜세우는 시늉을 한다. 소위 '엄지척' 모션이다. 갓난아이 때부터 엄지손가락의 역할은 실로 엄청나다. 나는 조물주가 엄지를 다른 네 손가락과는 많이 다른 모양으로 만드신 이유가 따로 있다고 믿는다. 갓난아이가 엄마로부터 갑자기 분리될 때 엄마의 빈자리를 가장 손쉽게 메우도록 하기 위함인 듯싶다. 그래서 아기의 뭉뚝한 엄지는 엄마의 유두를 얼추 비슷하게 닮지 않았는가? 엄지손가락은 엄마가 없을 때 바로 입에 물 수 있도록 각도마저 기가 막히게 적당하다.

생후 2개월이 지난 후, 한 몸처럼 붙어 있던 엄마와 헤어짐을 경험할 때 엄지손가락은 아기에게 임시방편으로 엄마의 유두를 대신하면서 적절한 안전감을 준다. 겉으로 보기에는 아기가 자신의 엄지를 빨고 있는 것이지만 이때 아기의 내면은 엄마의 젖꼭지를 상상할 수 있게 연결한다. 정신분석 이론가들은 이러한 과정을 아기의 최초의 창조성 발현이라고 주장한다. 엄마의 젖가슴은 엄마의 몸에만 있는 것이 아니라, 아이의 내면에도 생성된다는 것이다. 아기가 상상해서 만들어내는 내면의 형상은 아기 자신에게 적절한 위로를 준다.

엄마의 유두를 자신의 내면에서 상상할 수 있는 능력이 바로 영혼의 힘이다. 보이지 않는 영혼의 힘은 아이가 내면 안에서 엄마를 연결하는 힘이요, 신체적으로 엄마와 떨어져 있지만 엄마의 한 부분을 내 안에 새롭게 창조하는 능력이다. 이때 영혼의 상상은 유아가 엄청난 분열을 경험하는 위험을 이겨낼 수 있는 원동력을 제공한다. 엄지의 힘이다. 그리고 엄지를 활용해 엄마의 젖가슴과 연결시키는 영혼의 힘이다. 영혼은 내면 안에서 외부대상을 상상하고, 그 외부대상과 긴밀하게 연결되게 한다. 아이가 최초의 창조성을 발현할 때 숨겨져 있던 영혼의 기능도 처음 발휘되는 것이다.

엄마의 품이 그리워질 때는 어찌할까? 아이는 엄마의

품이 남기고 간 빈자리를 대체할 대상을 찾는다. 가장 쉽게 발견되는 대상은 안에 솜이 듬뿍 들어간 인형이다. 미국에서는 갓난아이에게 꼭 선물하는 푹신한 곰 인형이 대표적인 대체물이다.

인형이 여러 개 있더라도 아이에게 선택되는 인형은 따로 있게 마련이다. 아이가 인형 색깔이나 디자인을 보고 선택할 가능성은 높지 않다. 아마도 특정 인형이 아이에게 안겨주는 특별한 촉감이 선택의 이유가 될 가능성이 높다. 아무리 침으로 범벅되어 더러워졌더라도 그 인형을 부모 마음대로 버리면 절대로 안 된다. 그 냄새나는 인형은 그저 여느 인형과는 달라서, 이미 아이의 내면 안에 창조된 엄마로 기능하기 때문이다.

인형이 없을 때는 덮고 있는 이불이나 담요가 엄마를 대체하는 물건이 되기도 한다. 아이가 집 밖에서 잘 때도 굳이 그 이불을 가져가겠다고 고집하는 이유가 무엇이겠는가. 그 특별한 이불은 아주 어린 시절부터 엄마가 없는 빈자리를 메우면서 적절하게 안전감을 선사한 물건이기에 엄마 대신이기도 하다. 이러한 물건은 부모도 특별하게 여길 수 있어야 한다. 아이의 영혼이 선택한 물건이자 엄마와 아이를 연결해주는 '중간대상'이기 때문이다.

창조성이 충만한 제3의 영역

정신분석학자 도널드 위니컷은 갓난아이가 갑작스러운 엄마의 부재를 견디고 위안을 얻기 위해 찾은 물건, 즉 자신의 내면 안에서 엄마와 자신을 연결해주는 물건을 '중간대상(transitional object)'이라고 불렀다. 아직 갓난아이는 자신의 내면 안에 상상하는 엄마와 외부에 실제로 존재하는 엄마의 경계가 모호한 상태다. 이때 존재하지는 않지만 심리적으로는 엄마 역할을 하는 중간 단계의 엄마를 창조한다. 엄지손가락이나 곰 인형, 혹은 안전감을 주는 담요 등이 중간대상으로서의 엄마다.

중간대상이 존재하는 곳은 어디일까? 아이가 빨고 있는 엄지가 중간대상이라면, 아이의 엄지는 입속에 존재한다. 엄지가 존재하는 곳은 아이의 입안이지만, 중간대상으로서의 엄지는 입안에 존재하지 않는다. 엄지는 엄마의 유두와 꼭 같지는 않아도, 외부에 존재하는 엄마가 제공하는 일정 정도의 위로와 안전감을 준다. 중간대상으로서의 엄지 엄마는 아이의 내면과 외부의 엄마를 연결한다. 그래서 위니컷은 내면과 외부세계가 공존하는 '제3의 영역'이라고 이름 붙인 바 있다.

내가 보기엔 '제3의 영역'은 영혼이 활성화된 경험적 공간이다. 이곳에서는 나와 타자가 밀접하게 연결된다. 저 밖에 있는 타인, 그래서 나와 동떨어져 있는 사람이라도 내면으로 불러들여 상상할 수 있는 공간이다. 분리와 연합이 공존하는 공간이다. 그래서 영혼만이 이 공간의 주인일 수 있다. 제3의 영역은 창조성의 공간이자 연결성의 공간이다.

제3의 영역은 창조성이 충만한 예술가의 영역이기도 하다. 시인은 특별한 상상력을 가지고 사물을 발견한다. 시인의 영혼은 작은 사물에서도 중요한 누군가를 연결하고 추억할 수 있다.

설경(雪景)

소양희

밤새 겨울이
지붕까지
내려앉은 하늘

수북수북 쌓인
머리를 털고
고단함을 털고

발자국마다
온몸에 묻어나는
하얀 살점

한 생애
뼛속까지 박힌 피멍

삭이고 삭여서

새벽을 여는 엄마.

시인 소양희는 한국전쟁 때 세 아들을 모두 잃은 시골 목사의 가정에서 자랐다. 시인은 설경을 보면서 돌아가신 엄마와 연결한다. 눈길을 걸어 발자국마다 흰 눈이 벗겨진 땅에서 '하얀 살점'을 발견한다. 그 살점은 어린 아들의 죽음을 가슴에 묻고 새벽마다 기도처를 찾아 나섰던 돌아가신 엄마의 가슴속 피멍을 연결하며 애도한다.

제3의 영역에서는 영혼이 숨 쉬고, 움직이고, 춤을 춘다. 영혼이 존재하는 제3의 영역에서 연결하고자 하는 대상은 늘 새롭게 태어난다. 다시 창조된 엄마는 시인에게 한없는 위로와 안전감을 준다. 진정한 예술가가 되려면 영혼을 사용할 줄 아는 능력이 충분해야 한다. 나와 외부세계를 연결하는 제3의 영역에서 영혼이 상상하고 창조성을 발휘하도록 해야 한다. 외부세계에 있는 객관적인 대상이 내 안에서는 나만의 대상으로 다시 창조된다. 엄마의 '뼛속까지 박힌 피멍'은 내 안에서 설경 속 '하얀 살점'으로 다시 태어난다.

콩쿠르에 나가면 언제나 2등만 하는 피아니스트가 있었다. 무슨 연유에서인지 이 피아니스트에게는 도무지 우승의 기회가 주어지지 않았다. 한 국제콩쿠르에서는 1등 없는 2등 상을 받기도 했다. 경연 후 리셉션에 참석한 피아니스트는 용기를 내어 심사위원장에게 말을 건넸다. 자신은 늘 2등만 하는 피아니스트인데, 왜 그런지 이유를 알려줄 수 있겠냐고 말이다.

심사위원장은 기다렸다는 듯이 그 피아니스트에게 이렇게 조심스레 이야기했다.

"우리는 당신이 연주하는 쇼팽을 듣기 위해 여기 있는 것이 아닙니다. 우리는 쇼팽을 연주하는 당신을 듣길 원하는 것이죠."

이 무슨 궤변이요, 농담 같은 말장난인가?

그러나 궤변도 말장난도 아니다. 진정한 예술가는 쇼
팽을 가장 잘 연주하는 사람이 아니라 창조성을 발휘하
는 사람이다. 쇼팽을 자신만의 해석으로 다시 만들어내야
한다. 외부세계의 쇼팽이 내 안에서 '나만의 쇼팽'으로 다
시 태어나는 것이다. "'쇼팽'을 듣기보다는 '당신'을 듣기
원한다"는 심사위원장의 말은 연주자만의 창조적인 쇼팽
해석이 있어야 1등감이 된다는 의미를 담고 있다.

위대한 예술가의 창조성은 1퍼센트의 천재들에게만 부
여되는 특권이 아니다. 누구나 어린 시절에는 사랑하는
사람과의 연결성에서 창조성이 비롯된다고 해도 과언이
아니다. 안도 밖도 아닌, 제3의 영역에서 영혼이 자꾸 상
상하고 연결하게 만들면 창조성은 마침내 꽃을 피운다.
엄마와 설경을 연결하고, '피멍'과 '하얀 살점'을 연결하
다 보면, 어느새 제3의 영역에서 영혼의 숨을 쉴 수 있게
된다.

보이지 않는 것을 상상할 수 있다면

어린 시절엔 누구나 창조적이었다. 내 앞에서 사라져버린 대상이라도 내 안에서 새롭게 만들어 느낄 수 있는 능력이 있었다. 그런데 나이가 들면서 창조성이 줄어든다고 생각되는 건 왜 그럴까? 이유는 단순하다. 내 안에서 영혼이 숨 쉬지 않기 때문이다. 영혼이 잘 움직이지 않고, 춤출 수 있는 공간도 별로 없다. 보이지 않는 대상을 내 안에서 상상할 수 없다면 영혼이 미약하다는 증거다.

영혼은 불안한 대상의 상실을 내면에서 극복하도록 돕는 역할을 한다. 그래서 안과 밖이 연결되는 제3의 영역에서 평안을 얻는다. 그런데 자꾸 똑똑한 이성이 작용하면, 영혼을 통해 안과 밖이 자연스럽게 연결되는 일을 막는다. 필연적으로 밖에서의 분리는 안에서의 분열로 이어진다. 쇼팽은 그저 나와 분리되어 있는 대가일 뿐 '나만의 쇼팽'일 수 없게 만든다.

영혼의 연결성은 정답을 구하지 않는다. 똑똑한 이성은 옳고 그름을 판단하는 것이 목적이지만, 모호한 영혼은 탐험하고 상상하는 것이 목적이다. 사랑하는 이가 당장 내 눈앞에 보이지 않아도 작은 사물에서 그를 느끼고 연결하는 것이 영혼의 접착력이다.

새로운 창조물, 중간대상이 숨 쉴 수 있는 제3의 영역을 꿈꾸어야 한다. 내 안도, 저 밖도 아닌, 제3의 공간을 꿈꾸고 그 곳에서 내 영혼이 숨 쉬게 해야 한다. 제3의 영역은 어디에 있을까? 그곳은 물리적 공간이 아니다. 우리가 상상하며 경험하는 공간이다. 제3의 영역은 언어의 논리력이 힘을 잃는 공간이기도 하다. '나 자신이 바로 바다'처럼 경험되는 공간이 있다면, 언어가 규정하는 논리로는 억지처럼 느껴진다. '나'라는 인격과 '바다'라고 하는 대상은 질적으로 분명 다른 의미구조이기 때문이다. 하지만 바다에 떠 있어서 내가 마치 바다처럼 자유로운 존재라고 느끼는 순간, 우리의 영혼은 작동을 시작하게 된다. 그리고 그 경험의 공간이 바로 제3의 영역이다.

제3의 영역을 자주 느끼고 경험하는 방법은 없을까?

영혼의 연결성은
정답을 구하지 않는다.
똑똑한 이성은 옳고 그름을
판단하는 것이 목적이지만,
모호한 영혼은 탐험하고
상상하는 것이 목적이다.
사랑하는 이가 당장 내 눈앞에
보이지 않아도 작은 사물에서
그를 느끼고 연결하는 것이
영혼의 접착력이다.

이는 영혼을 활성화하는 방법이기도 한다. 실은 어린 시절 우리의 영혼은 훨씬 자유로웠다. 하지만 이성이 득세하면서 영혼은 힘을 잃어갔다. 말을 배우고 똑똑해질수록 영혼 쓰는 법을 잊고 살게 된다. 말을 배운 다음에는 우리의 상상력이 언어의 문법에 의해 제한받기 시작한다. 오히려 논리와 문법에 구애받지 않고 느끼는 대로 말하고 글을 썼던 때로 돌아가는 것이 제3의 영역을 다시금 누리는 방법은 아닐는지. 우리 모두 어린 시절에 영혼을 더 많이 사용했는지 모른다.

그래서 다시금 사물을 유심히 바라보고 나만의 글쓰기를 시작해보면 도움이 된다. 자꾸 누구에게 보여주려는 글쓰기를 하다 보면, 자연스레 문법과 논리가 영혼의 상상을 막는다. 음악을 듣고 나서 전문가의 해석을 바로 찾아보는 것은 영혼의 작동 스위치를 끄는 일이다. 어떤 음악이든 나만의 음악으로 마음대로 상상해보면 어떨까. 때로는 불을 끄고 춤을 추는 것도 좋다. 남에게 보여주기 위한 전문 댄서의 춤을 흉내 낼 필요가 없다. 그저 내 존재가 흥이 나서 움직이는 자연스러운 영혼의 춤은 그 자체로 아름답다.

때때로 나는 이 세상에 없는 아버지를 상상한다. 미국 유학 시절에 병환으로 돌아가신 아버지를 나는 20년 가까이 몹시도 그리워했다. 유학 생활을 무사히 마치고 지금 이렇게 제 구실을 하고 있는 아들의 모습을 보지 못하고 세상을 뜨신 아버지의 생을 얼마나 한스러워했는지 모른다. 둘째 아이인 내 아들을 아버지가 보셨다면 얼마나 좋아하셨을까 싶어서 눈물도 참 많이 흘렸다. 아버지는 1998년 9월 말에 갑작스레 돌아가셨다. 나는 왜 봄에 시작하는 1학기보다 가을에 시작하는 2학기가 항상 힘에 겨운지 그 까닭을 몇 해가 지나도록 알지 못했다. 특히나 9월 한 달은 내가 딴생각이 나지 않도록, 일 년 열두 달 중 가장 혹독하게 스스로를 일중독자로 몰아가기도 했다. 왜 그랬을까? 나는 아버지가 지금도 우리 가족과 함께 삶을 나눌 수 있다는 '제3의 영역'을 전혀 상상하지 못했던 것이다. 한동안은 그렇게 영혼의 작동 스위치를 끄고 살았다.

남아선호사상을 떨치기 힘들었던 시대를 살아오신 내 어머니는 집안의 가장 막둥이로 태어났지만 장손이기도 한 내 아들을 특별히 좋아하셨다. 기다리던 손자가 태어나자 여동생 식구들까지 온 가족이 모여서 가족사진을 찍기로 했다. 한데 어머니는 가족사진을 아주 특별하게 찍고자 하셨다. 어머니 옆자리에 빈 의자를 하나 놓고 사진을 찍어서, 나중에 아버지의 생전 모습을 그 자리에 합성하기를 원하셨던 것이다.

우리 가족은 아버지가 우리 모두와 함께 환하게 웃고 있는 그 사진을 집 안 곳곳에 걸어놓았다. 내 연구실 서재에도 가족사진이 있다. 그것을 볼 때마다 나는 지금 이 순간 여기에 함께하고 계신 아버지를 상상한다. '아버지가 요즘 내 생활을 보신다면 뭐라고 생각하실까?', '오늘 아버지가 내게 어떤 위로와 격려의 말을 건네실까?' 그런 상상을 해본다. 그 가족사진을 보고 있노라면 그게 그리 어렵지 않다. 간혹 이런 짓이 다 부질없다는 생각이 든다면, 똑똑한 이성이 또 방해공작에 나선 것이다. 약간은 어색해도 괜찮다. 나만의 방식으로 사랑하는 사람이나 연결하고 싶은 대상을 매일매일 그저 '내 안의 사람'으로 상상하기만 하면 그만이다.

내 안에서 새로이 창조된 '타인'과 연결되는 일이 우리에게 힘과 안정감을 준다면, 내 영혼이 제3의 영역에서 제대로 움직였다는 증거다. 마음만 먹으면 우리는 언제든지 그 공간으로 이동할 수 있다. 이성의 볼륨을 최대한 낮추고, 상상의 음조를 한껏 높이면 더욱 좋을 것이다.

똑똑한 이성은
잠시 내려놓고서

"영혼이요? 그게 우리 안에 있다고요? 그런데 영혼을 재발견해야만 하는 무슨 이유라도 있나요?"

어쩌면 당신은 이 책을 읽기 시작했을 때부터 내게 이렇게 묻고 싶었는지도 모르겠다.

나는 대학교수로 그리고 상담전문가로 오랜 시간을 보내오면서, 자신이 누군지 알지 못하고 알려고도 하지 않는 수많은 사람들을 만났다. 그러하기에 나는 '자기'라는 주제는 결코 철학자나 심리학자들만의 연구 주제가 아니라, 이 땅에서 숨 쉬고 살아가는 우리 모두의 공통된 인생 주제라고 생각한다.

한데 이러한 '자기'의 뿌리가 되는 것이 영혼이다. 자신의 영혼을 제대로 사용하지 않으면 나 아닌 다른 사람들의 가치와 판단에 의거해 살 수밖에 없다. 단 한순간도 온전한 나로 살아가기 어렵다. 내가 평가받은 성적으로 살고, 내가 나온 학교 졸업장으로 살고, 상급자의 실적 평가로 살게 될 것이다. 그런 삶이 행복할 리 있겠는가. 자기 자신이 다른 사람들보다 잘난 구석이 없는 것 같고, 남에게 그럴듯하게 보이지 않는다고 생각하면 초라한 자아상을 갖게 된다. 분석과 비교에 능한 이성이 그것을 부추기기 때문이다. 불가능을 상상하고 이질적인 대상과 나를 연결하는 영혼이 나서야 '자기'를 온전하게 지키고 주체적인 삶을 일굴 수 있다.

사용할수록 풍성해지는 내면의 힘

우리는 모두 영혼이 우리의 주인이었던 시절이 있었다. 보자기만 두르면 하늘을 날 수 있다는 상상으로 즐거워한 적이 있지 않았던가. 동화 속 주인공이 되는 일도 그리 어렵지 않았다. 이성이 우리 자신과 타인, 세상을 온통 친구와 적으로 구분하기 전에, 우리의 영혼은 우리가 가진 가능성을 무한히 상상하고, 그 누구와도 연결할 수 있는 세상의 주인공으로 만들었다. 다행스럽게도 철없는 아이 시절에는 이런 영혼이 별다른 제약을 받지 않았다.

그렇다면 우리의 영혼은 철이 들면 버려져야 하는 운명인 걸까? 아마도 그런 줄 알고 우리는 영혼을 헌신짝처럼 내팽개친 채로 청년기와 성인기를 보낸다. 하지만 우리에게 버려진 영혼은 결코 시들거나 사라지지 않는다. 우리가 숨을 쉬는 한, 우리의 영혼은 죽을 수 없기 때문이다. 우리의 숨과 영혼은 운명을 같이하는 동전의 앞뒷면과 같다.

아이러니하게도 죽어야만 영혼이 나타난다고 오해하고 있는 경우가 많다. 신체가 수명을 다하면 그제야 비로소 영혼이 몸이라는 감옥에서 빠져나온다고 믿는다. 나는 이런 발상도 몸과 정신, 현실과 관념, 물질과 영혼이라는 상반된 개념으로 나누기 좋아하는 분석적인 이성의 잣대에서 비롯되었다고 본다.

반대편에 있는 것들을 상상력으로 연결할 수 있는 영혼이 우리가 살아 있는 동안에 제대로 발휘되지 않는다면 정말 안타까운 일이 아니겠는가? 영혼은 살아 있는 사람들의 것이고, 알아차리고 사용하는 사람들의 것이다. 영혼은 사용하면 할수록 더욱 풍성해지는 신비스러운 내면의 힘이다.

영혼은 자아상이라는 이름의 캔버스에 새로운 자신의 모습을 상상하고 다른 사람들을 연결하는 능력을 발휘한다. 각 신체기관을 연결해 움직이게 만드는 영혼은, 캔버스에 자신을 새롭게 그려나가는 예술가이기도 하다. 이때 그림을 그리는 기술이 바로 호흡이다. 숨을 통한 상상은 죽어 있는 것들을 살려낸다.

어렸을 때 지구 반대편에 있는 친구들과 순식간에 연결될 수 있다는 상상을 해본 적 있는가? 그런 상상이 현실이 된 오늘날에는 어른들도 다시 영혼의 볼륨을 키우는 일이 중요해지는 새로운 세상이 열리고 있다. 어린 시절에 상상했던 것들을 이제 더욱 구체적으로 그리고 적극적으로 상상하려고 애쓰는 것이다. 업무 분석과 전투적인 전략이 지난날 전통적인 기업을 성장시킨 척추였다면, 이제 혁신 기업들은 새로운 상상과 이질적인 대상 간의 융합과 연결을 중요한 화두로 삼고 있다. 이는 우리에게 영혼이 없다면 불가능한 일이다.

혁신의 대명사 스티브 잡스가 명상을 즐겼다는 사실은 잘 알려져 있다. 그는 자신이 입양아라는 사실을 알게 됐을 때 정체성에 대한 심각한 고민에 휩싸였다. 하지만 정체성에 대한 번민은 자기 자신의 내면세계로 빠져들 수 있도록 그에게 특별한 기회를 제공했을 것이라 추측해볼 수 있다. 7개월간의 인도 순례 여행을 마치고 돌아온 잡스는 자신의 통찰을 이렇게 소개했다.

"가만히 앉아서 내면을 들여다보면 우리는 마음이 불안하고 산란하다는 것을 알게 됩니다. 그것을 잠재우려 애쓰면 더욱더 산란해질 뿐이죠. 하지만 시간이 흐르면 마음속 불안의 파도는 점차 잦아들고, 그러면 좀 더 미묘한 무언가를 감지할 수 있는 여백이 생겨납니다."

그가 말한 마음의 여백은 바로 영혼이 되살아나는 자리다. 복잡한 생각이나 감정을 이성적으로 통제하려고 드는 마음을 내려놓는 순간, 어느새 잔잔하게 평온이 찾아온다. 왜 그럴까? 영혼은 우리가 처한 현실의 자기와 우리 자신이 되고자 원하는 자기 사이의 무한한 간극을 진공 상태로 만든다. 이로써 스스로 가장 자연스러운 본연의 모습을 찾아가는 것이다.

잡스에게 영혼의 여백이 없었다면, 그는 결코 친부모에게 버려진 비참한 자신의 모습에서 벗어나지 못했을지도 모른다. 영혼은 우리를 하늘의 숨을 받아 이 땅에 태어난 귀인의 삶으로 되돌린다. 어린 시절 우리 내면의 주인공이었던 영혼은 나 자신을 천상의 존재로 상상하도록 도왔다. 들꽃과도 얘기하고, 산만큼 큰 독수리 등에 올라타기도 했다. 그렇게 자연과 세상의 아름다운 실재와 밀접하게 연결시키는 놀라운 능력을 발휘해오지 않았던가?

명상가들은 대개 명상을 시작할 때 자신의 호흡에 집중한다. 감정과 생각에 빼앗긴 에너지를 숨에 집중시키고 영혼이 활동할 여백을 만들기 위해서다. 마음의 수양은 잠들어 있는 영혼을 다시 깨우고 숨 쉬게 하는 일이다. 이는 대단한 명상가만 할 수 있는 일이 아니다. 등한시했던 숨의 귀중함을 지금이라도 다시 알아차린다면 영혼의 선물은 우리 몫이다.

치유를 위한 상상 놀이

몸은 느끼고, 정신은 사고하며, 영혼은 상상한다. 이렇게 영혼의 기능을 정의할라치면, 다들 모호하다는 반응을 보인다. 때로 우리는 논리적으로 사고하지 않고, 쓸데없는 생각을 마구 펼치는 것을 '상상'이라고 오해한다. 이때 독일어 단어가 유용하다. 독일어로 '상상'이란 단어는 'Einbildungskraft'이다. 이 복합단어를 풀어보면 '하나로 만들어내는 힘(power of building into one)'이란 의미를 가지고 있다. 무엇을 하나로 만들까? 상상은 매우 이질적인 두 차원을 하나로 합치하게 만든다. 이를 위해서는 똑똑한 이성은 잠시 휴식해야 한다.

어린아이들이 소꿉장난을 하면서 그토록 즐거운 이유는 모래판 위에서도 온갖 시공간이 연결되고, 이질적인 나의 세계와 부모의 세계가 그럴듯하게 합해지기 때문이다. 조금만 똑똑해지면 모래판 소꿉놀이가 시시해진다. 더 이상 상상 놀이를 할 수 없을 만큼 이성이 판을 장악하기 때문이다.

상상은 갈 수 없는 나라로 나를 데리고 가기도 하고, 이미 하늘나라에 간 사랑하는 이와 함께 뛰놀게도 한다. 심리치료 현장에서 상상할 수 있는 힘은 애도와 치유의 가장 중요한 기능을 한다. 때로는 다 큰 어른들에게도 어린아이와 같은 상상이 필요하다. 성인에게 치유가 잘 이뤄지지 않는다면, 이는 어린 시절과 함께 영혼의 기능, 상상력이 상실되었기 때문이다.

이런 영혼의 원리를 잘 활용한 치료법을 개발한 임상가가 있다. 데이비드 베너(David Benner)라는 심리치료사는 다년간의 심리치료와 약물치료를 받고도 아무런 도움을 받지 못한 막다른 골목에 있는 이들을 위해 특별한 서비스를 제공했다. 소위 '집중적 영혼 돌봄(Intensive Soul Care)'이라는 이름의 프로그램을 개발한 것이다. 그의 치료법은 독특했다. 일단 '집중적 영혼 돌봄'을 하기 위해서는 2~3개월 이상의 시간이 소요되었다. 하던 일을 멈추고, 다시 말해 휴학이나 휴직을 하고 베너와 함께 거주하면서 자신을 돌아보는 작업을 해야 하기 때문이다.

'집중적 영혼 돌봄'이 이뤄지는 곳은 풍광이 좋은 마을이다. 프로그램 제목은 집중적으로 뭔가를 마구 해야 하는 것처럼 느껴지지만 실은 정반대다. 의외로 특별히 하는 일이 없다. 우선 몇 주 동안은 마을을 돌고, 때로는 들로 산으로 다니도록 한다. 그래서 그저 어린 시절로 돌아간 듯한 기분을 느끼게 한다.

어린 시절이 별로 행복하지 않았던 이들이라도 그때 자신이 좋아했던 일 몇 개쯤은 떠올려볼 수 있다. 그림을 좋아했던 기억이 떠오른다면, 바로 마을로 가서 물감과 팔레트 등을 구입하게 한다. 그리고 어릴 때 그랬던 것처럼 자유롭게 돌아다니면서 그림을 그리게 한다. 오랜 기간 자신의 내면에서 숨을 쉬지 못했던 영혼의 상상을 일깨우기 위해 그림 그리는 일에 집중하면서 온 몸으로 그것을 느끼게 한다. 일부러 과거의 일들을 묻는다거나 괜스레 들춰내는 일은 하지 않는다. 그렇게 영혼이 서서히 기능을 되찾으면 그 사람의 내면세계는 한결 부드러워진다.

이때 죽어 있던 감성이 살아난다. 무감각한 느낌이나 무력감만 느꼈던 사람들이 마치 거짓말같이 자신이 그린 그림을 통해 다시금 자신의 삶을 새롭게 상상하기 시작한다. 두근거리는 심장박동과 벅찬 기쁨도 되찾게 된다.

가정 학대와 연이은 성폭력으로 결국 가족과 절연하고 레즈비언을 선언한 여자가 있었다. 아마도 그녀는 레즈비언으로 사는 것이 심리적으로 자기 자신을 안전하게 지킬 수 있는 유일한 길이라 여겼던 것 같다. 그녀는 온갖 심리치료와 의료적 처치를 받았으나 결국 자살시도를 거듭하다 '집중적 영혼 돌봄' 프로그램에 참여하게 되었다. 기독교를 종교로 삼고 싶어 했지만 그녀는 좀처럼 예배에 집중할 수 없었다. 무의식적인 이유를 탐색해보니 예수가 남자이기 때문이었다.

베너의 해법은 간단했다. 오랫동안 죽어 있던 영혼의 상상 기능을 살려내는 일이 급선무라고 판단했기에, 예수를 여자로 상상하도록 했다. 그녀에게만 특별히 여자 예수를 보내신 하나님으로부터 깊이 사랑받는다는 상상도 꾸준히 하도록 독려했다. '하나로 만드는 힘'으로서의 상상은 삶의 파편을 의미 있는 하나로 통합하는 위력을 발휘한다. 석 달이 지날 무렵, 그녀는 사랑받을 만한 자신의 모습을 회복하고 정상적인 종교 행위도 가능하게 되었다.

치료의 막다른 골목에서 어린 시절 잃어버린 영혼의 힘을 재건하는 '집중적 영혼 돌봄'은 정신건강 전문 종사자만이 아니라 현대인에게도 시사하는 바가 크다. 우리는 나이가 들면서 이성이 날카로워지고 분석력이 하늘을 찌를 만큼 고양되는 대신, 어린아이처럼 상상하는 능력은 보이지 않는 저 깊은 세계로 묻어버리지 않았던가.

인간의 상상력은 창조성의 근원일 뿐 아니라, 치유와 통합의 원동력이다.

아직도 내 안에
부모가 산다?

어린 시절 부모는 우리를 지탱해주는 지렛대다. 아빠와 엄마가 안아주고 목마를 태워줄 때 우리는 우쭐해하면서 당당하게 세상에 맞설 수 있는 용기를 얻는다. 그 시절 우리는 부모가 부부인 줄은 잘 헤아리지 못한다. 안방에서의 부부로서의 삶보다는 거실과 부엌에서 보게 되는 보호자로서의 부모 모습을 먼저 경험하기 때문이다.

아무리 하찮은 것일지라도 부부로서 경험하는 엄마와 아빠의 갈등은 어린 자녀를 여러모로 불편하게 한다. 부모 사이에서 간혹 발생하는 다툼도 이를 지켜보는 아이를 몹시 불안하게 만들 수 있다. 엄마와 아빠의 부부 갈등은 어쩌면 당연하고 자연스러운 일일 수 있다. 심지어 아이가 훗날 나이 들어 돌이켜본다면, 평범한 부부 사이에 흔히 발생하는 다툼 정도라고 여길 수도 있다.

문제는 어린아이가 겪은 심리적인 경험은 뇌 안에 있는 기억저장소에 불안 감정의 유발 요소로 차곡차곡 저장된다는 점이다. 어린 시절에는 오직 보호자로만 느끼는 엄마와 아빠의 갈등은 자신을 지탱해온 지렛대의 갑작스러운 붕괴와 상실로 받아들일 수 있다. 엄마와 아빠의 갈등이 지속되면 어느 순간부터는 마치 자신이 서 있는 집 안의 바닥이 흔들리는 큰 사건으로 아이에게 전달된다. 이는 평온한 평지에 살다가 예기치 못한 대형 지진을 겪는 일과 비교할 만하다. 문제는 이때 경험한 강렬한 불안감이 뼛속까지 남아서 오랜 신체기억으로 자리 잡는 경우가 꽤 있다는 데 있다.

이혼을 위한 예식이 필요하다고요?

유학 시절 대학원 수업에서의 특별한 경험이 종종 기억난다. 부부 및 가족상담 세미나였는데, 담당 교수님은 대학원생들에게 이혼예식의 필요성에 대한 논의를 제안하셨다. 20여 명의 대학원생 중 미국인이 아닌 사람은 오직나 하나였던 것으로 기억한다. 그때가 1990년대 초반이니벌써 25년 전 일이다. 주제 자체도 내게는 큰 충격이었지만, 대부분 격렬하게 논의에 참석하면서 찬성의 뜻을 밝히는 동료들의 기세에 나는 도무지 정신을 차릴 수가 없었다. 이혼을 위한 예식이라니?

토론을 마쳐갈 즈음에 교수님은 실제로 본인이 사용한 적이 있는 이혼예식의 실례를 제시했다. 마치 결혼서약처럼 남편과 아내의 이혼서약도 포함되어 있어서, 나는 정신이 혼미해질 지경에 이르렀다. 자세히 기억나지는 않지만 "남편 ○○은 이제 전 부인 ○○을 평생 친구로 삼아……"로 시작되는 서약이었다. 서약을 읽어 내려가는 교수님에게 학생들은 박수를 치며 화답했다. 당시 나는 학생들이 왜 그렇게 격한 공감을 표했는지 의아해했던 기억이 생생하다.

이제 오랜 세월이 흘러서, 그 당시 멍하니 천장을 바라보았던 나는 부부 및 가족상담 세미나를 개설하는 교수가 되었다. 그때 그 교수님이 왜 이혼을 앞둔 부부에게 그러한 예식이 절실하게 필요하다고 제안했는지 이제야 비로소 짐작이 간다. 훗날 그 교수님의 제안으로 몇몇 미국의 진보적인 개신교단에서는 성직자를 위한 예식서에 이혼 예식을 포함하게 되었다는 사실도 확인할 수 있었다.

당시 교수님은 임상 경험이 풍부한 부부·가족상담전 문가로서 부부가 이혼 후에도 원수로 살지 않고 평생 친 구로 사는 일이 얼마나 중요한지 절감하고 계셨던 게 아 닐까? 대부분의 경우 부부는 이혼 후에도 싫든 좋든 자신 들의 자녀를 함께 키워야 하는 공동의 양육자가 된다. 만 약 부부가 철천지원수로 헤어졌을 때 한 부모와 함께 살 아가야 하는 자녀가 갖게 되는 불안은 실로 엄청나다. 아 이가 아직 어리다면 마음의 상처는 더욱 심각하다. 함께 사는 부모에게 또다시 버림받지 않으려면 고도의 충성심 을 보여야 한다고 생각할지도 모른다. 아무리 어려도 아 이가 부모의 짐을 함께 지는 것은 당연하다. 함께 사는 부 모와 밀접하게 연대하기 위해, 따로 사는 부모를 공공연 히 공동의 적으로 삼고 대항하는 경우도 적지 않다.

그래서 부부·가족상담사는 이혼을 앞둔 부부가 서로 미워하지 않고 자녀를 건강하게 키우기 위한 공동 양육자로서 가능한 한 '평생 친구'처럼 살아가도록 도와야 할 임상적인 과제를 안고 있다. 때때로 전문 상담사는 상담적인 개입의 전략으로 예식을 활용하곤 한다. 예식은 공적인 선포 기능이 있기 때문이다. 물론 이혼예식은 굳이 일가친척을 전부 불러 모아놓고 할 필요는 없을 것이다. 하지만 두 사람이 상담사 앞에서 하는 예식만으로도 충분히 의미가 있을 수 있다.

오늘날은 한국 사회도 이혼율이 높아지면서 한 부모와 함께 사는 자녀들이 많이 있다. 예전에 내가 만난 교수님처럼 강한 어조는 아니지만, 나도 나의 학생들에게 이러한 이혼예식이 필요하다고 주장할 때가 있다. 그런 나를 보면서 내가 25년 전에 그랬듯이 충격을 받고 말을 잇지 못하는 학생이 있을지도 모르겠다.

이혼예식은 결혼예식과 같이 모두에게 축하받을 만한 예식은 아니다. 하지만 더 큰 아픔을 예방하는 치유적인 예식일 수는 있다. 이혼예식이 결혼의 종말을 고하며 불행의 서곡을 알리는 의미가 있는 것은 아니며, 이혼을 위한 서약이 실패자들의 슬픈 언약식인 것도 아니다. 또 다른 인생 후반전이 기다리고 있기에, 열린 미래를 향해 전력을 보강하기 위한 예식이라고 할 수 있을까? 이제 다른 차원의 동반자 의식을 마음에 새기는 변화와 성장을 위한 서약이 될 수 있다. 내가 한국에서 처음 이런 제안을 했을 때, 나이가 지긋한 한 박사과정생이 이렇게 물었다.

"그건 미국에서나 가능한 일이 아닐까 싶은데요? 우리나라에서 그런 발상을 주장하면 안 그래도 이혼율이 높은데 이혼을 권장하는 일처럼 여겨지지 않을까요?"

충분히 가능한 우려다. 하지만 이혼예식을 하기 위해 마음에도 없는 이혼을 하기로 결심하는 사람들이 있을까? 이혼예식을 집행하면 더 많은 이혼 가정이 생겨날 것이라는 우려도 기우일 수 있다고 생각한다. 실은 이혼을 하되 서로를 절대 원수로 여기지 말자는 것이 이혼예식의 핵심이다. 이왕 헤어질 결심을 한다면 서로 더욱 성장할 수 있는 기회를 만들어야 하고 무엇보다 자신들의 짐을 자녀에게 지우는 일만은 피해야 한다. 부부가 평생 싸우다 결국 이혼을 감행한 경우 마음의 불안을 가지고 살던 자녀는 이제 죄책감까지 떠안게 된다.

가끔 부모가 내뱉었던 거친 말-숨이 아이를 숨 막히게 할 수 있다. "네가 잘해야 돼! 너 하나 보고 내가 네 아빠랑 사는 거야!" 그러던 엄마가 마침내 아빠와 헤어지게 되었다면 모든 책임은 바로 자녀에게 돌아간다. 자녀는 자신이 조금만 더 노력했더라면 엄마와 아빠를 거뜬히 지킬 수 있었을 것이라는 억측을 한다. 죄책감은 태산처럼 커진다.

우리의 마음속에는 아주 오래전부터 부모가 산다. 그래서 그들이 벌인 다툼도 미움도 그리고 말-숨도 고스란히 우리 안에 남아 있다. 상담을 하면서 수많은 내담자들의 불안의 기원을 거슬러 올라가보면, 어린 시절 밥상을 뒤엎던 그들의 아버지를 만나게 된다. 아니면 그런 아버지를 등지고 도망갈 것만 같은 엄마와 만나게 되는 경우도 수없이 보아왔다. 그래서 그런 내담자들은 자신의 배우자를 만나는 일도 쉽지 않다. 내 안에 있는 부모가 물려준 불안이 언제 방아쇠(trigger)를 당길지 모르는 상태로 자신을 죄어오기 때문이다.

부모에게 물려받은 불안

누구나 부모로부터 물려받은 불안이 없을 수는 없다. 원래 인간은 지지리도 불안하게 태어났다. 다른 포유류처럼 부모 없이 금세 두 발로 설 수만 있었다 해도 이렇게 불안하지는 않았을 텐데 말이다. 애초에 우린 부모 없이는 지금껏 생존할 수조차 없었다. 그렇다면 그냥 우리 안에 오랫동안 내재된 불안을 부둥켜안고 사는 것 말고는 다른 방법이 없는 걸까?

실은 불안을 느껴도 괜찮긴 하지만 얼마나 지독하게 느끼느냐가 관건이다. 그 불안이 매일의 삶에 개입해 당최 숨이 안 쉬어질 정도라면 큰 문제다. 불안의 끝을 경험하는 사람은 호흡이 가빠지고 가슴이 죄어오다가 결국 숨이 막힐 지경이 된다. 죽을 맛이다. 정신건강의학과 전문의들은 이를 '공황장애'라고 부른다. 이 정도가 되면 속히 병원에 찾아가 불안을 조절하는 약물처방을 받아야 하는 정신 장애라고 할 수 있겠다.

그런데 이 불안을 장애까지 치닫게 하지 않고 적절하게 다스릴 방법이 있다면 얼마나 좋을까? 일단 중요한 것은 부모가 물려주었거나 친구, 애인, 선생님 같은 타인에 의해 생긴 해묵은 불안과 자신이 현실에서 느끼는 크고 작은 불안을 구별해내는 것이다. 이를 잘 구분할 수 있다면 불안을 느껴도 숨 쉬는 데 결정적인 어려움은 없다. 늘 약간은 불안하긴 해도, 미래를 꿈꾸는 행복한 사람이 될 수도 있다. 물론 나는 부부·가족상담사로 살면서 이러한 능력을 가지기가 결코 쉽지 않다는 것을 안다. 그래도 구별이 전혀 불가능한 것은 아니다. 구별하려고 들면 못 할 것도 없다.

시험을 앞둔 학생이 몹시 불안해한다면 이는 자연스러

운 일이다. 시험 전날에 전혀 불안하지 않은 아이는 오히려 그제서야 태연하게 문제집을 사러 가는 여유를 부린다. 그러므로 적절하게 불안한 수험생이나 그 부모는 불안한 마음 자체를 큰일 날 일로 여기면 안 된다. 수험생의 불안을 크게 걱정할 필요는 없지만, 만약 그가 부모로부터 전가된 불안까지 덤으로 떠안고 있는 상황이라면 이는 정말 안타까운 일이다.

"너, 이번에도 성적이 안 오르면, 집에서 쫓겨날 줄 알아!" 이런 다소 거친 말-숨을 듣고도 별로 불안하지 않고 숨 쉬는 데 아무런 지장이 없는 아이는 어떤 아이일까? 평소 부모로부터 사랑과 인정을 받는 데 별 어려움이 없는 아이는 이런 말 한마디로 가슴이 죄어오거나 숨도 안 쉬어지는 고통을 떠안지는 않는다. 그냥 시험 결과에 대한 불안만을 가질 뿐이다. 지극히 정상적인 상황이다.

하지만 단 한 번도 부모에게 칭찬받은 적 없고, 항상 부모의 기준에 미치지 못해 평소 심각한 불안을 경험해온 아이라면 얘기가 완전히 달라진다. 그런 아이는 시험 자체만이 문제가 아니라, 다시금 부모에게 인정받는 일이 점점 요원해지고 이러다 정말 부모로부터 버려질 것만 같은 극심한 불안감에 휩싸인다. 부모로부터 비롯된 불안까지 떠안을 경우, 시험 전날 그 압박감은 태산만큼 커진다. 정말 가슴이 짓눌리는 것처럼 느껴지고 시험 전날 혹은 당일에 숨이 제대로 안 쉬어지다가 결국 시험을 더 망치는 결말을 맞는 경우도 생기게 된다.

자기 자신을 가만히 살펴보자. 우리의 불안에는 다른 사람의 불안이 섞여 있다. 내 불안만 가지고 살기도 힘든데, 다른 사람의 불안까지 떠안는다는 것은 너무 버겁고 억울한 일이다. 수험생이 중요한 시험을 앞두고 이에 대비하는 일은 분명히 불안한 일이지만, 혹시 잘못되는 경우가 생기더라도 죽을 일은 아니라는 점을 알고 있어야 한다. 하지만 자녀는 부모의 태도에 따라 시험을 망친 일을 마치 죽을 만큼 큰 사건이라고 느끼고, 감당하지 못할 극도의 불안에 시달리는 경우가 적지 않다.

나는 고등학교를 졸업하고 나서, 원하는 대학에 입학할 때까지 2년의 세월을 보냈다. 중간에 단기사병으로 군복무까지 하기는 했지만, 어찌되었든 삼수생으로 대학에 들어간 셈이다. 엄청난 실패라고 생각했던 두 번의 불합격은 지금 생각해보면 그리 중대차한 일이 아닌 듯싶다.

부모가 자식에게 불안을 물려주게 되는 데는 이유가 있다. 부모가 자식을 미워해서가 아니다. 자녀에 대한 기대가 높기 때문이다. 자녀에게 원하는 바가 없었다면, 부모가 자식이 하는 일에 불안을 느꼈을 리 없다. 내 친구가 공부를 하지 않는다고 해서 우리 엄마가 애태우지 않는 것과 같은 이치다. 기대가 높은 만큼 그 기대가 못 미칠 경우를 미리 걱정하고 불안감을 느끼기 시작한다.

제대로 떠나야 제대로 합해진다

자녀가 학생일 때 부모는 상급 학교 진학과 관련한 기대를 많이 한다. 그러고 나서는 자녀가 좋은 배우자를 만나 결혼하는 일에 무한한 관심을 쏟는다.

나는 만 스물아홉 살부터 담임목회를 하던 미국인 교회에서 주례를 시작했다. 나처럼 20대에 주례를 시작하는 경우는 한국에서는 좀처럼 흔치 않은 일이다. 나는 목회하는 3년의 기간 동안 하얀색 빅토리아풍 건물이었던 아담한 예배당에서 30여 쌍의 부부를 주례했다.

당시 나는 우리나라에서는 상상할 수 없는 진기한 풍경을 보게 되었다. 미국인들은 결혼식 전날에 신랑과 신부의 부모님, 예비 부부의 들러리 친구들까지 모두 모여서 리허설을 한다. 신부와 신부 아버지의 행진도 미리 연습하고 신랑과 신부의 친구들이 짝을 맞추어 입장하는 예행연습을 하기도 한다. 그때 나는 미국의 양가 부모들이 결혼 전날 리허설 현장에서 서로를 처음 만나는 장면을 자주 보게 되었다. 우리 같으면 말도 안 되는 일 아닌가? 양가 부모들이 결혼을 앞두고 상견례도 하지 않았다니! 어떨 때는 부모가 사위 혹은 며느리가 될 새 식구를 리허설 현장에서 처음 만나는 경우도 있었다. 이게 웬 말인가? 보지도 않고 결혼 허락을 해주었다는 얘기가 아닌가?

나는 그 궁금증을 참고 참다가 어느 날 마음먹고 주위 사람들에게 물어보았다. 양가 부모가 서로 만나지도 않고 심지어 새로운 식구가 될 예비 며느리나 사위를 한 번도 보지도 않고서 어떻게 결혼을 허락해줄 수 있느냐고 말이다. 그때 들었던 대답이 아직도 내 귓가에 쟁쟁하다. 두 눈을 동그랗게 뜨면서 그들은 내게 되물었다.

"결혼을 하는데 왜 부모의 허락을 받지요?"

자신의 배우자를 고르는 데 부모의 허락은 필수요건이 아니라는 얘기다. 물론 약혼한 이후 결혼하기 전에 미리 소개하고 양가 부모와 친근하게 지내는 경우도 많이 있을 것이다. 하지만 이러한 상견례 역시 허락을 조건으로 해서 진행하는 필수적인 절차가 아니다. 그렇기에 부모와 떨어진 먼 곳에 거주하는 커플은 자기들끼리 약혼을 하고 결혼 일자를 잡은 후에 부모들은 나중에 결혼식장에 와서 얼굴을 보는 일이 전혀 이상하지 않다.

미국 문화는 지나치게 개인주의적인 측면이 있고, 이러

한 결혼문화도 한국 상황에 비추어보면 다분히 비현실적으로 느껴질 수 있다. 그런데 나는 무엇보다 결혼을 앞두고 있는 성년 자녀와 이들을 바라보는 부모 사이에 어떠한 불안도 느껴지지 않는다는 점이 실로 놀라웠다. 누구를 만나든 결국 그 선택은 자녀의 몫일 뿐 부모는 아무런 압박감을 주지 않으며, 자녀는 부모의 높은 기대치를 충족해야 한다는 불안을 느끼지 않는다.

이에 비해 한국은 부모가 소위 결혼 적령기에 있는 자녀들 앞에서 얼마나 불안해하는가? 불안한 부모를 안심시킬 수 없는 다 큰 자녀는 부모 마음에 드는 배우자를 만나기 위해 또 얼마나 신경 쓰고 불안해하는가? 자신의 결혼인데도 마치 부모를 위해 결혼하는 듯한 모양새인 경우가 적지 않다. 이런 우리의 결혼 문화가 좀 갑갑하게 느껴지지 않는가?

나는 신학자이자 개신교 목사다. 이제 나는 대학에서 가르치는 교수이지만 나의 주례는 당연히 개신교 예배의 형식을 따르는 경우가 많다. 이에 성경에 나온 말씀을 해석해서 주례사로 전하게 마련이다. 성경의 첫 번째 책인 《창세기》에 보면 하나님께서 인간을 지을 때 모름지기 때가 되면 그 부모를 떠나서 아내에게 합하여 한 몸이 되어야 한다고 선포하고 있다. 이는 결혼예배의 단골 성서 본문이 된다.

《창세기》 2장 24절에 쓰여 있는 영어 단어인 '합하여'는 'cleave'라는 단어가 쓰인다. 좀 어려운 단어다. 그런데 이 단어는 묘하게도 이중적 의미를 지니고 있다. 첫 번째로는 성경에서 쓰인 뜻대로 '결합하다'라는 뜻이다. 한데 이 단어는 또 다른 뜻을 함축하고 있다. 그 의미는 아이러니하게도 '결합하다'의 정반대 의미처럼 보인다. 'cleave'라는 영어 단어에는 '가르다, 둘로 쪼개다'라는 뜻도 있기 때문이다.

어떻게 '합한다'라는 뜻과 '가르다'라는 뜻이 하나의 단어에 녹아 있을까? 성경을 잘 읽어보면 그 해답을 찾을 수 있다. 부부가 제대로 연합하기 이전에 반드시 부모를 떠나야 한다는 말씀으로 해석이 가능하지 않을까? 이는 결코 부모와 연을 끊으라는 의미는 아니다. 그렇다면 결혼하면 부모의 집에 살지 말고 반드시 분가해야 된다는 뜻일까? 그것도 아니다. 나는 'cleave'라는 단어가 포함된 이 성경 본문을 이렇게 해석해본다. 부모를 물리적으로 혹은 신체적으로 떠날 뿐 아니라 심리적으로도 분리되어야 부부의 진정한 연합이 가능하다고 말이다.

결혼식 날 신랑과 신부가 꾸며야 할 가정은 부모님께 속한 가정과 전혀 다른 새로운 가정이다. 그런데 아직도 자기 안에 부모의 존재가 강하게 자리 잡고 있는 신랑과 신부는 제대로 합해질 수 없다. 결혼은 심리적으로 부모와 독립해 새로운 독립된 자기(self)를 만들어가는 중요한 사회적 통과의례다.

"우리 집 가풍은 말이야……", "우리 집 방식은 이렇거든" 하면서 내세우다 보면 말싸움의 단초가 된다. "그래, 당신 집은 그러냐? 우리 집은 이렇게 한다!" 하고 괜히 따지기 시작하고 "너희 집 참 잘났다!", "뭐? 너희 집?" 하다가 큰 싸움으로 번지고 만다.

부부상담사로서 배우자끼리 다투게 되는 일을 가만히 들여다보면, 결국 자기 자신 안에 있는 부모와 제대로 떠나지 못해서 갈등이 생기는 경우가 비일비재하다는 것을 알 수 있다.

당신의 가슴속을 한번 가만히 들여다보라. 아직도 심리적으로 자신의 부모로부터 떠나지 못하고 부모에게서 들은 목소리를 자신의 배우자 또는 자녀에게 재현하고 있지는 않은지.

나는 주례를 볼 때 신랑과 신부에게 오늘부터 '우리 집, 혹은 우리 가정'은 그들이 태어난 부모님의 가정이 아니라는 사실을 반드시 명심하라고 당부한다. 앞으로 '우리 집'이란 부모가 아닌, 신랑과 신부 두 사람이 함께 한 몸이 되어 꾸려야 할 가정이기 때문이다.

결혼하라고 보채는 부모 때문에 자신이 더 초라해진다고 하소연하는 젊은이들이 주위에 너무도 많다. 막상 결혼할 사람을 찾아보아도 양가 가족과 부모의 허들을 넘기가 만만치 않겠다는 불안을 지닌 이들도 흔히 볼 수 있다. "사람이 그 부모를 떠나서(leave) 아내에게 합하여(cleave) 그 둘이 한 몸이 될지니라"라는 성경 말씀은 심리학적으로도 의미 있는 진리다. 요즘 결혼을 불안해하는 이들에게 내가 꼭 전하고 싶은 말-숨이다.

공감능력도
연습이 필요하다

갓난아이를 대상으로 한 재미있는 실험이 있다. 신생아실에 모여 있는 영아들은 보통 한 아이가 울기 시작하면 모두가 따라 운다. 혹시 아기들이 서로 따라서 우는 이유를 생각해본 적 있는가? 그저 옆의 아기가 울면 자동적으로 놀라서 우는 것이라고 가정할 수 있다. 또는 한 아기의 울음소리가 다른 아기들의 마음속에 불안이나 연민의 감정을 느끼게 해, 아기들이 저마다 감정적인 반응을 하는 것이라고 생각해볼 수도 있다.

2008년 〈EBS 다큐프라임-인간의 두 얼굴〉이라는 프로그램에서 이런 실험을 보여준 적이 있다. 제작진은 한 병원의 신생아실을 찾아 유독 잘 우는 갓난아이 한 명을 살며시 다른 방으로 데리고 갔다. 그러고는 그 아기에게 자기 자신의 울음소리가 녹음된 소리를 들려주었다. 아기는 어떻게 반응했을까? 희한하게도 생후 이틀 된 그 울보 아기는 자신의 울음소리에는 어떠한 반응도 보이지 않았다. 실험 결과 그 아기만이 아니라 신생아실에 있는 아기들 대부분이 자기 자신의 울음소리에는 별다른 반응을 하지 않았다. 이게 어찌된 일일까? 어떻게 갓난아기들은 자신의 울음소리를 귀신같이 분별해낼까? 학자들은 이렇게 타인의 울음에 반응해 따라 울던 아기가 자신의 울음에는 전혀 반응하지 않는 현상을 가리켜 '신생아성 반응울음'이라 부른다.

갓난아이는 우리가 생각하는 것보다 정말 많은 능력을 가지고 세상에 태어난다. 특히 갓난아이 때부터 타인의 감정을 헤아리고 공감하는 놀라운 능력을 선천적으로 가지고 있다는 점은 실로 놀랍기만 하다. 아마도 태초부터 타인의 울음소리를 들으면, 연민의 마음을 느끼고 자동적으로 정서적인 반응을 하도록 만들어졌거나 아니면 그렇게 진화되었는지도 모른다. 그래서 자신의 울음소리가 아닌 타인의 울음소리에는 즉각적이고 민감하게 반응할 수밖에 없는 것이 아닐까?

아기였을 때부터 가지고 있는 능력

갓난아이들이 태어날 때부터 다른 사람들의 마음을 함께 느낄 수 있는 감각을 타고났다면, 이는 뇌신경을 연구하는 학자들이 관심을 가질 만한 주제다. 성인이 감정적인 경험을 하면 얼마나 즉각적으로 신체 반응을 하는지 알아볼 수 있는 방법이 있다. 뺨과 이마에 있는 안면근육의 미세한 움직임을 감지하는 장치를 부착해 측정해보는 것이다. 호감을 느끼거나 웃음 지을 때에는 뺨 근육이 반응하고, 분노나 불안이 느껴지면 이마의 근육이 반응하기 때문이다.

스웨덴의 울프 딤버그(Ulf Dimberg)는 이러한 장치를 활용해 실험을 했다. 그는 피실험자에게 다양한 표정의 사진을 0.5초간 보여주면서, 어떠한 사진에도 무표정한 상태를 유지하도록 요청했다. 예컨대 화난 표정이나 즐거운 표정의 사진을 보아도 중립적인 느낌을 가지면서 무표정을 유지해달라고 한 것이다. 이는 그리 어렵지 않은 주문 같아 보였다.

실험에 참여한 사람들은 얼마 동안 아무렇지 않은 듯 무표정을 유지할 수 있었을까? 아무리 노력해도 불과 1초도 안 되는 짧은 시간 동안에도 무표정을 유지하기가 어려운 것으로 나타났다. 피실험자 대부분이 웃는 얼굴에는 뺨 근육이 미세하게 따라 움직였고, 분노 서린 사진에는 눈 위 이마 근육이 따라 움직였다. 아무리 통제하려고 해도 실로 순식간에 사진 속 인물들의 표정에 감정 반응을 하고 있는 것 아닌가?

갓난아이 때부터 우리가 가지고 있는 공감능력은 아무리 우리가 대뇌로 통제하려고 시도해도 그 생각의 통제 범위 밖에 있는지도 모른다. 그래서 우리도 모르게 옆 사람이 웃으면 마음이 따뜻해지고, 옆 사람이 하품을 하면 덩달아 하품을 하면서 무료한 느낌을 경험한다.

그런 까닭에 병원균만 전염되는 것이 아니라, 정서적 전염도 가능하다고 여기는 것이 이제 뇌 과학에서는 상식처럼 되었다. 어쩌면 우리는 태어나기 전부터 우리 뇌 안에 타인의 모습과 그들의 마음을 비춰보는 거울 같은 기능이 내재되어 있다는 상상을 해볼 만하다.

이러한 상상을 구체화한 뇌 과학자가 있었다. 이탈리아 파르마대학교 소속 생리학연구소 소장이었던 지아코모 리촐라티(Giacomo Rizzolatti)는 마치 거울을 보는 것같이 다른 사람에게서 일어나는 일을 관찰할 때 즉각적으로 활성화되는 뇌의 신경세포를 '거울신경세포(mirror neuron)'라 명명했다. 우리의 거울신경세포는 상대방이 행할 일련의 행동 중 일부분만 관찰해도 행동 전체를 알 수 있는 놀라운 능력을 발휘한다.

눈으로 본 장면이 일부라도, 뇌에 있는 거울신경세포들은 우리의 의지와는 무관하게 즉각적으로 상대방 행동의 전체를 비춰준다. 원숭이 실험에서 한 연구원이 땅콩을 집는 모습을 눈으로 관찰한 원숭이는 자기가 땅콩을 집는 것처럼 자신의 행동을 관장하는 신경세포가 움직였다. 이러한 신경세포는 거울신경세포와 연결되어 있어서, 후에 연구원이 직접 땅콩을 집는 모습을 칸막이로 살짝 가리더라도 활성화되는 것으로 나타났다.

우리가 소위 '텔레파시'라고 불렀던 상호적인 느낌이나 직감적인 예감도 이런 거울신경세포가 활성화될 때 충분히 가능한 일이라고 설명할 수 있다. 우리가 진심으로 사랑하는 이들과는 몸이 멀리 떨어져 있어도 상대방의 행동이나 느낌을 신기하게 알아맞히게 되는 것도 바로 이러한 거울신경세포가 극대화된 상태라고 이해할 수 있지 않을까? 우리 안에서 영혼의 능력, 특히나 상대방과 우리를 연결하는 일은 거울신경세포를 충분히 발현하고 발전시킨다면 누구에게나 가능한 능력이다.

쓰지 않으면 퇴화하는 거울신경세포

갓난아이의 텔레파시 능력은 어떻게 해석해야 할까? 뇌 과학자들은 인간의 고통을 감지하고 감정을 느끼는 뇌의 두정엽 하부 '대상회(gyrus cinguli)' 영역을 집중 연구해왔다. 원숭이 연구와 마찬가지로 다른 사람의 고통을 관찰하는 것만으로도 자신이 직접 그 고통을 느꼈을 때 반응했던 바로 그 신경세포에서 신호를 발생시켰다. 이에 두정엽 대상회 근처에 있는 거울신경세포는 동정심과 공감의 능력과 밀접하게 관련 있는 신경시스템으로 알려졌다.

갓 태어난 아이의 경우, 시각적인 감각을 획득하기 전이어서 외부 관찰은 가능하지 않은 상태다. 하지만 그저 청각적인 정보만으로도 옆에 있는 친구들의 울음소리에 반응하는 대상회 거울신경세포를 작동시킨 것으로 설명할 수 있지 않을까?

울음소리를 들으면 마치 자신이 불편함이나 아픔을 경험하는 것처럼 울음으로 반응하게 되는 것은 타고난 동정심과 공감의 능력을 거의 반자동적으로 발현시키는 과정처럼 보인다. 자신의 울음소리에는 거울신경시스템이 작동하지 않는 것을 보면 그 정교함은 가히 혀를 내두를 만하다.

거울신경세포를 통한 신경생리학적 하드웨어가 누구에게나 있다고 해서, 누구에게나 동일한 직감이나 텔레파시 능력이 보장되는 것은 아니다. 자주 공포 상황을 경험하거나 스트레스를 받게 되면, 거울신경세포들이 보내는 신호의 횟수가 현저하게 줄어든다는 것이 실험을 통해 밝혀졌다. 거울신경세포가 가장 자연스럽게 발달하려면 안전하고 평안하게 연결되어 있는 상호관계가 필수적이다. 태어난 직후의 아기와 엄마의 관계처럼 말이다.

거울신경세포를 활성화하는 과정은 공부하는 학습과정과도 비슷하다. 교사가 공포의 분위기를 조성하는 교실은 일시적으로 잘 통제되는 것 같지만 강도 높은 스트레스를 경험한 학생들이 학습 결과가 그리 높지 않는 것과 같은 이치다. 양육자와의 공포체험과 스트레스 경험이 축적되면, 아이의 거울신경세포는 점점 퇴화하기 시작한다. 용불용설(用不用說)의 원리처럼 쓰지 않는 신경세포는 점점 못 쓰게 되고, 마치 존재하지 않는 것처럼 기능을 상실하고 만다. 결국 직감이나 텔레파시 능력, 그리고 아주 기본적인 공감도 불가능한 상태가 될 수 있다.

그래서 우리 모두가 태어날 때부터 가지고 있는 하드웨어, 즉 유전적 기본 장치에 소프트웨어의 탑재가 필수적이다. 소프트웨어는 엄마가 갓난아이와 눈을 마주치고 공감의 프로그램을 시작할 때 처음으로 가동된다. 상호작용과 공감의 관계를 만들어 발달되어야 하는 소프트웨어는 영아기 때부터 두뇌 속 거울시스템 하드웨어와 유기적으로 연결되어 있다. 하지만 생애 기간 내내 지속적인 관계 형성의 소프트웨어가 충분히 활성화되지 않으면, 뇌 안에 자리 잡고 있는 하드웨어의 기능마저 점점 퇴화한다는 점을 유의해야 한다.

거울신경세포는 뇌 안에 있지만, 이러한 신경시스템을 활용한 프로그램은 나와 상대방의 가슴속에서 작동된다. 처음부터 거울신경시스템이 최적화되어 저절로 활성화되는 사람은 없다. 자기 혼자 시스템을 완성해갈 수 없기 때문이다.

태어난 직후부터 줄기차게 내가 다른 사람과 가슴으로 소통하고 공감하면서, 일상생활 중 상호적인 연결 프로그램을 가동시킬 때 거울신경시스템은 내가 행복하게 느끼는 지점까지 점점 최적화되어간다. 이는 영혼의 연결하는 기능이 최적화된 상태이기도 하다.

내 뇌의 하드웨어와 영혼의 소프트웨어가 최적화된 상태를 확인할 수 있는 방법이 있다. 그런 상태에서는 내가 혼자 있어도 또는 누군가와 함께 있어도 평안함을 유지할 수 있고, 다른 사람들이 생각하는 것과 느끼는 것을 어느 정도 상상할 수 있는 능력을 가지게 된다.

영혼이 활성화되는 물리적 장소는 거울신경시스템의 하드웨어라고 볼 수 있겠지만, 영혼이 구성하는 소프트웨어는 나와 타인의 관계를 안전하게 상상하게 만들고 긴밀하게 연결할 때 풍성하게 발달한다. 하지만 어렸을 때부터 인간관계에서 공포나 스트레스를 많이 경험하면, 혼자 있어도 불안하고 누군가와 함께 있으면 타인의 평가로부터 자유롭지 못해 더욱 불안하다. 다시 어렸을 때로 돌아가 새로운 관계를 맺을 수도 없고, 이럴 때는 이제 어떡해야 할까?

지금이라도 늦지 않다. 거울신경시스템은 절대로 저절로 발달하지는 않기 때문에 이제부터라도 연습이 필요하다. 완벽한 관계가 필요한 것이 아니다. 어느 정도라도 공감을 연습할 적절한 대상만 있으면 충분하다.

인간관계는 '짬뽕 공' 같은 유연함으로

가끔 청소년들에게 질문을 받을 때가 있다.

"그냥 평생 친구 없이 살아가면 안 될까요?"

"저만 인간관계가 어렵고 힘든 걸까요?"

이렇게 묻는 아이들치고 실제로 친구 없이 살 수 있는 경우는 별로 없을 것이다.

이러한 질문은 때때로 심오한 진리를 담고 있다. '인간관계' 하면 흔히 두 가지 유형의 관계를 떠올려볼 수 있다. 일단 친밀한 관계가 아닌 그저 그런 사무적인 관계가 있다. 인사하면 반응하고 말을 걸면 자동반사적으로 대답하는 관계 말이다.

그런가 하면 훨씬 특별하고 각별한 관계도 있을 것이다. "우리 사이가 보통 사이냐?"라고 할 때의 인간관계를 가리킨다. 이러한 관계는 너무 친밀한 나머지 사람 사이의 경계마저 사라지게 만들 때도 있다. 내 것이 네 것이고, 네 것이 내 것이 되기도 한다. 말하지 않아도 상대방이 내 마음과 꼭 같이 느껴야 한다면서 '텔레파시'가 충만한 관계를 선호하고, 어떨 때는 내 마음을 그렇게도 모르냐며 싸우기도 한다.

관계는 이렇게 양 극단만 존재하는 걸까? 그리 친하지는 않은 사무적인 관계와, 나와 너의 존재가 거의 구별되지 않는 한데 엉킨 관계. 그리고 일반적으로 사람들은 왜 두 가지 관계 중에서 후자를 더 추구하려고 할까? 청소년들이 원하는 친구들과의 관계는 자신의 마음을 알아주고 자신과 한 몸처럼 느끼게 해주는 두 번째 관계다. 흔히 '절친' 관계다. 절친 하나 없는 삶이란 삶이 송두리째 없는 것과 마찬가지라고 생각하기도 한다.

그러나 때때로 둘도 없는 절친이라는 관계를 자세히 들

여다보면 심리적으로는 건강하지 못한 경우가 있다. 둘 사이에는 구분이 없다. 어느 순간부터 내가 좋다고 느끼면, 친구의 의견은 묻지 않는다. 처음에는 싸우면서 의견을 조율하다가 어느 정도 시간이 지나 절친은 둘이 아니라 한 사람인 것처럼 행동한다. 둘도 없는 친구 사이라 그저 '우린 하나'다. 그러던 친구가 어쩌다 나와 다른 생각을 하거나 뜻밖의 행동을 보이면 갑자기 엄청난 좌절 모드에 빠져드는 것도 이런 이유 때문이다.

우리가 가진 유전적인 거울신경시스템 장치 때문에라도 친한 친구가 생기면, 뇌 안에서 그 친구의 마음을 거울처럼 비춰보게 된다. 하지만 이 친구의 마음을 100퍼센트 완벽하게 그려낼 거울 장치는 그 누구에게도 없다. 우리의 거울시스템이란 일치를 위한 것이 아니라, 조율과 공감을 위한 것임을 알아야 한다.

내 마음을 100퍼센트 알아줄 친구는 없다. 그런 부모도 없다. 그런 자식은 더더욱 없다. 그러므로 꿈에서 깨어나야 한다. 거울신경시스템은 오류와 실수의 가능성을 가지고 있다. 내 안의 거울신경시스템을 가동해 친구와 가족의 마음을 마치 내 것인 양 느낄 때가 있지만, 그들과 나는 따로 존재해야 한다. 아무리 친한 친구, 가족이라 할지라도 절대로 나와 한 몸처럼 살아갈 수는 없기 때문이다.

친밀함의 정의를 바꾸어보자. 친밀함은 한 몸이 된다는 것, 한 마음이 된다는 것이 아니다. 친밀함이란 '따로 또 같이' 유연하게 존재하는 관계라는 의미다. '따로 또 같이'는 일반적으로 자주 사용하는 말이지만, 해석하기는 쉽지 않은 개념이다. 분명 '따로'와 '같이'는 반대되는 의미를 가지고 있기 때문이다. 심리학적으로 '따로 또 같이'의 진정한 뜻은 내가 따로 존재하는 것과 다른 사람과 같이 존재하는 것이 모두 가능하고, 오히려 유기적으로 연결이 가능하다는 얘기다.

정말 친한 친구는 나와 똑같은 생각이나 느낌이나 행동을 하는 친구가 아니다. 나와 다른 구석도 많을 수 있다. 하지만 내가 공감하고 공유하고 싶은 기억을 함께 만들어

갈 수 있으면 친한 친구가 될 수 있다. 그리고 내가 굳이 그 친구와 똑같은 생각이나 행동을 하려고 하지 않아도 되는 친구가 진짜 '친밀한' 친구가 될 가능성이 높다.

오래전 청소년들과 상담캠프를 진행한 적이 있다. 그때 나는 내가 어렸을 때 가지고 놀았던 고무공, 소위 '짬뽕 공'이라 불리는 공을 가지고 청소년의 마음을 설명하곤 했다. 왜 그 고무공을 '짬뽕 공'이라 불렀는지는 모르겠다.

그런데 주먹 야구를 하던 시절, 짬뽕 공은 굳이 야구방 망이 없이 맨주먹으로 공을 쳐도 아프지 않은 유연성을 가진 공이었다. 홈런을 쳐서 이웃집 담장을 넘어 날아가 창문에 부딪혀도 유리창이 깨질 염려가 전혀 없는 마법의 공이기도 했다.

나와 상대방이, 그리고 나와 친구가 '짬뽕'처럼 한 몸이 나 한 마음처럼 여겨질 수 있다. 하지만 짬뽕 공 같은 유 연성이 있는 마음이 필요하다.

이런 유연성이 있는 마음을 가리켜, 하인즈 코헛(Heinz

Kohut)이라는 정신분석학자는 '응집력 있는 자기(cohesive self)'라고 불렀다. 다른 사람과 한 마음인 것 같은 연합의 상태와 나 혼자의 독립된 상태를 유연성 있게 함께 즐길 수 있는 단계라고 볼 수 있다.

짬뽕 공은 어디에 부딪혀도 상대방은 물론 자기 자신에게도 상처를 남기지 않는다. 고무라는 재질이 지닌 유연성 때문이다. 나의 마음, 나의 자기(self)도 타인과 함께 있을 때 또는 집단이나 단체의 한가운데 있을 때 다치지 않기 위해 연합과 독립의 상태를 오가는 유연성이 필요하다. 이런 유연성은 남과 똑같아야만 연합할 수 있다는 강박에서 벗어나는 데서부터 시작된다.

우리는 성장 과정을 거치면서 태산만큼 거대하고 멋져 보여서 나중에 똑같이 닮고 싶은 사람과도 관계를 맺고, 자신이 무슨 짓을 해도 예쁘다면서 고개를 끄덕여주는 사람과도 관계를 맺는다. 가끔은 쌍둥이처럼 자신과 꼭 닮은 사람도 만나기 마련이다. 중요한 것은 이렇게 닮고 싶은 완벽한 대상, 공감해주며 내 편이 되어주는 대상, 그리고 나와 꼭 닮은 대상이 모두 모여서 내 안의 '자기'를 구축해간다는 점이다.

어떤 특별한 사람 한 명이 그대로 내 안의 '자기'와 합치될 수는 없다. 여러 대상들이 자기를 구성하는 중요한 퍼즐 조각이다. 나 자신을 그대로 맞바꿀 수 있는 대상이란 존재하지 않는다. 완벽하게 좋은 대상도, 완벽하게 나쁜 대상도 없다. 인생에서 잠시 겪은 나쁜 사람과의 경험 일부가 나의 '자기'를 통째로 훼손시키도록 놔두어선 안 된다. 다시 짬뽕 공처럼 튀어 올라야 한다. 코헛이 타인과 관계를 맺는 삶에서 '응집력 있는 자기'로 살아갈 때 가장 평안하고 최적화된 마음 상태를 유지할 수 있다고 본 이유다.

3부

나를 숨 쉬게 하는 가슴의 기술

나는 내일 다시
성장할 수 있기에

나는 신학대학원에서 상담학을 가르치는 교수다. 가끔 이렇게 자기소개를 하면 심리학과 교수가 아니었냐고 되묻는 이들도 있고, 도대체 신학과 상담이 무슨 관계가 있느냐고 묻는 이들도 많다. 우리나라에 처음으로 상담학을 소개한 교육기관이 연세대학교의 전신인 연희대학교 신학부라고 얘기하면 다들 깜짝 놀란다. 한국전쟁 때 부산으로 내려가 교육을 했던 1952년 연희대학교 학사보고서를 보면, 제2대 신과대학장을 지낸 이환신 교수가 '상담학'이라는 용어가 만들어지기 전 '문의학'이라는 제목으로 상담학 강의를 개설한 기록이 있다.

실은 '상담(counseling)'이란 말을 처음 만든 미국의 심리학자 칼 로저스(Carl Rogers)도 심리치료를 공부하기 전에 신학교에 입학해 신학 공부를 했다. 로저스는 평생 기독교나 교회 지도자와는 거리를 두면서 활동했으나, 거기에는 인간의 죄 많은 본성을 지나치게 강조하면서 구원을 역설하고자 하는 기독교 근본주의적 해석에 대한 반감도 적잖이 작용했다.

　분명한 것은 상담이라는 용어가 처음 탄생하게 된 계기가 환자라고 하는 병리적인 인간상에서 벗어나 인간 안에 있는 신적인 본성을 회복하도록 돕는 서비스를 의료 행위와 구별하기 위함이었다는 사실이다. 상담의 역사는 70여 년에 불과하지만 이러한 거룩한 본성과 영혼의 힘을 점점 잃어가는 현대인들을 위해 상담이야말로 오늘날에 더욱 절실하게 필요한 서비스라는 생각이 든다. 그래서 나는 상담을 통해 인간의 회복과 온전한 성장을 돕고자 하는 신학자로서의 삶을 모순 없이 살아올 수 있었다.

타인의 평가에 민감한 보통 사람

　1940년대 초에 '상담'이라는 용어가 처음 사용되기 전 북미에서는 정신과 전문의들이 주로 사용하는 '정신치료/심리치료(psychotherapy)'가 일반적으로 통용되었다. 의료적인 시각에서 마음을 치료하려면 마음의 질병을 정의하고 진단하는 절차가 먼저 이뤄져야 한다. 의사가 병을 진단해야 그에 대한 처치도 가능하기 때문이다. 이에 심리치료의 대상자는 당연히 환자(patient)다.

환자가 되어본 적 있는가? 하루라도 입원을 하게 되면 환자복으로 옷을 갈아입어야 한다. 모든 환자는 병원의 이름과 로고가 박혀 있는 동일한 복장을 하게 된다. 단 몇 시간 진행되는 종합건강검진을 받을 때도 대장 내시경을 하려면 통풍이 지나칠 정도로 잘 되도록 특별히 제작된 하의를 입어야 한다. 환자 입장이 되면 누구나 어느 정도의 무력감과 유약함을 경험하게 된다. 내가 할 수 있는 일은 침대 위에 몸을 맡기고 수동적으로 다음 지시를 따르는 것이다. 숨을 내쉬라면 내쉬고 몸을 뒤집으라면 뒤집어야 한다. 내가 주도적으로 할 수 있는 일은 별로 없다. 괜히 의사나 간호사가 지시하지 않은 일을 했다가는 큰코다치기 쉽다.

'상담'이란 용어를 처음 쓴 로저스는 상담 서비스 대상자를 환자라고 부르지 않고 '클라이언트(client)'라고 부르기 시작했다. 환자가 의사의 지시를 경청해야 하는 구조와는 반대다. 오히려 이제 상담사가 클라이언트의 이야기를 적극적으로 경청해야 한다고 새로운 의미를 부여했다. 상담의 클라이언트를 한국어로 번역할 때는 '내담자(來談者)'라는 새로운 용어를 만들어냈다. 처음 클라이언트를 한국어로 번역한 학자들이 '고객'이라고 번역하기에는 왠지 어색했던 모양이다. 그래서 을(乙)이 아니라 갑(甲)이 될 수도 있는 '고객'의 의미는 반감되고 말았다.

실은 로저스가 환자를 클라이언트, 즉 '고객'으로까지 높여 부른 데는 이유가 있다. 상담을 위해 찾아오는 대상자는 주로 자신의 가치를 낮추어 평가하는 이들이 대부분이었기 때문이다. 상담 서비스가 필요한 이들은 치명적인 정신 질병이 있는 사람들만이 아니었다. 그들은 대부분 자존감이 낮아서 타인의 평가에 매우 민감한 보통 사람들이었다.

가끔 우리 주위를 둘러보면 자기 자신의 가치를 평가하는 잣대를 오롯이 외부에만 두고 있는 사람들이 꽤 많다. 내가 아무리 내세울 만한 결과를 냈어도 다른 사람들의 높은 평가 기준에 못 미친다고 여기면 만족감을 느끼지 못한다. 학창 시절부터 내가 매기는 점수보다는 부모님이나 선생님이 매기는 점수가 더 중요하다. 어렸을 때부터 자신의 가치를 저울질 당하는 데 익숙하다. 물론 저울질한 눈금을 큰 소리로 읽어주는 이는 외부에 있는 타자다. 내가 보는 내 가치의 눈금은 소리 내어 읽기 어렵다. 내 가치를 정하는 기준은 늘 밖에 있다.

이런 이들이 상담을 하러 찾아온다. 상담실을 찾는 많은 이들은 자신이 조건부 가치를 가진 존재일 뿐이라고 고백한다. 성적이나 성과가 오르면 괜찮은 사람이 되지만, 반대로 그 결과가 나쁘면 실패자로 곤두박질한다. 나의 가치는 들쑥날쑥 일관성이 없다. 그래서 나도 내 가치를 지속적으로 유지하기가 어려워진다. 당연히 자기 자신이 별로 중요한 사람으로 느껴지지 않는다.

이런 이들은 환자가 아니다. 단지 자신의 '가치 평가의 소재(locus of evaluation)'를 외부가 아닌 내부로 바꿀 수 있게 하는 서비스가 필요한 고객일 뿐이다. 이러한 상담의 고객, 즉 상담을 원해서 찾아오는 내담자는 있는 모습 그대로의 본연의 자기(self)와 철저하게 다른 사람의 평가에 의존하는 자신의 경험(experience)이 전혀 일치하지 않음을 겪어온 것이다.

난무하는 타인의 평가에 휘둘리면서 있는 그대로의 자기 모습으로 살아가는 것이 어디 가능하겠는가. 다른 사람의 평가 경험에 따라 나는 나를 재단하게 된다. 착하게 보이도록 했다가, 센 척도 했다가, 어떨 때는 외로운 척도 해야 한다. 그러다 보니 진짜 나의 모습인 자기(self)와 다른 사람과 있을 때 느끼는 경험 사이에서 방황하기 일쑤다. 나의 모습은 마치 만화경에 비친 가짜 모습처럼 수십 가지로 파편화된다.

한계점은 지속적인 성장의 시작점

우리가 외부의 평가로부터 완전히 자유로울 수는 없다.

나에 대한 외부의 평가를 완전히 무시하고 귀를 닫는 것만이 능사인 것도 아니다. 그럼 어떻게 하면 될까? 내가 내 안의 '자기'의 태도를 바꾸면 된다.

단기질문중심치료를 주창한 마릴리 골드버그(Marilee Goldberg)는 자기의 태도를 '판단자 자기(Judger Self)'와 '학습자 자기(Learner Self)'로 나누어 설명한 바 있다. 우리 안에서 '판단자 자기'는 늘 외부의 평가 잣대와 기준을 통과하지 못한 자신을 책망하며 무력감에 빠뜨린다. "네가 노력이 부족해서 또 실패한 거야! 네가 그런 식으로 하니까 친구들이 다 너를 무시하지!" 자존감이 낮고 열등감을 가지고 있는 이들을 만나보면 마음속 깊은 곳에서 판단자 자기가 극렬하게 활동 중인 경우가 많다.

반면, 외부로부터 혹독한 평가를 받더라도 '학습자 자기'의 태도를 지니는 사람들이 있다. 이들은 이렇게 고민을 한다. '난 지금 여기서 뭘 배울 수 있지? 이제 이 관계를 어떻게 바꿔나갈 수 있을까?' 정답이 없다고 포기하거나 쉽게 결론내지 않고, 해답을 탐구하는 자세다. 어떻게 하면 이런 태도를 견지할 수 있을까? 중요한 차이점은 이것이다. 현재 자신의 모습이 진짜가 아님을 안다는 것. 학습자 자기는 자신이 숨 쉬고, 성장하고, '진짜 자기' 즉 이데아의 완성을 위해 끊임없이 지향하는 존재임을 받아들인다. 그러므로 학습자 자기는 어떠한 실패도 '끝장'으로 여기지 않을 수 있다. 오늘 나의 실수로 내가 끝나는 것은 아니다. 나는 숨을 가진 생명체이고, 내일 다시 성장할 수 있다. 그래서 나의 한계점은 지속적인 성장의 시작점(growing edge)일 수 있다. 지금 잘할 수 없어도 된다. 앞으로 잘할 수 있는 날 잘하면 된다.

자꾸 외부세계가 자신을 옥죄는 느낌이 든다면, 우리 안에 학습자 자기를 북돋아 활성화시켜보자. 우리는 신처럼 살 수 없다. 모든 우주 만물을 통제하고, 세상 모든 사람들과 사랑을 줄 수도 받을 수도 없기 때문이다. 하지만 우리는 신의 입김인 생명과 영혼을 부여받았다. 이는 값없이 주어진 선물이다. 이제 더 이상 외부로부터의 평가

오늘 나의 실수로
내가 끝나는 것은 아니다.
나는 숨을 가진 생명체이고,
내일 다시 성장할 수 있다.
그래서 나의 한계점은
지속적인 성장의 시작점일 수 있다.
지금 잘할 수 없어도 된다.
앞으로 잘할 수 있는 날
잘하면 된다.

로 인해 자신의 무한한 가치를 떨어뜨리는 일은 하지 말자. 선물로 받은 영혼의 숨을 기억해야 한다. 완벽하지 않아도 된다. 모두를 사랑할 수도 없고, 모두에게 사랑받을 수도 없지 않은가?

우리의 능력도 사랑도 지금은 끝이 아니다. 살아 있음을 기뻐하고 내일을 향한 작은 변화와 성장을 꿈꿔보자. 영혼의 힘으로 우리 안에 학습자 자기가 새롭게 태어난다면 충분히 가능한 일이다. 영혼은 우리를 살리는 힘이다. 영혼은 따뜻한 말-숨을 전할 수 있는 동력이다.

"괜찮아, 너는 네게 숨을 주고, 너를 너답게 만들어주는 영혼이 있잖아! 네 영혼은 너를 절대 포기하지 않아."

이러한 영혼과 함께라면 남이 뭐라 해도 흔들리지 않을 수 있다.

그들은 왜 자뻑 뒤에 숨어 사는가

자신의 가치를 잘 모르고 사는 사람이 있는가 하면 겉

으로 보기에 자기애가 지나치게 강한 사람도 있다. 그들의 이야기를 듣고 있으면 늘 '기승전 자기 자랑'이다. 쉽게 말해서 현실보다 스스로를 더 크게 '뻥튀기'하는 습성이 있는 것이다.

자기심리학(self psychology)이라는 학설을 주창한 하인즈 코헛은 대놓고 자기를 부풀리는 태도를 가리켜 '과대 자기(grandiose self)'라고 이름 붙였다. 그리고 요즘 같으면 '자기애적 인격장애(narcissistic personality disorder, NPD)'라는 진단을 받을 만한, 소위 '자뻑'이 심한 환자들에게 유난히 치료적 관심을 쏟았다.

듣기 불편할 정도로 자기 자랑을 늘어놓는 사람들을 자세히 들여다보면 그야말로 근거 없는 자신감을 드러내는 경우가 대부분이다. 이런 이들은 초기 정신분석가들의 기피 대상 1호였다. 이유는 뻔하다. 이들은 정신분석가들이 자신에게 집중해주기를 원한다. 만약 정신분석가가 이들의 '과대 자기'가 엄마에게 응석 부리는 어린 시절로 퇴행하는 현상이라 판단해서 현실을 똑바로 직시하라고 요구한다면 그 치료는 실패하기 쉽다. 자기애적 인격장애를 가진 이들은 자신의 과대 자기가 제대로 대접을 받지 못하면 극도로 예민해진다. 그래서 더 크게 뻥튀기를 하려고 할지도 모른다. 이러한 이유로 프로이트를 비롯한 초기 정신분석학자들에게 자기애가 강한 환자들은 거의 분석이 불가능한 이들로 여겨지기도 했다. 자기애가 지나치게 강한 이들이 과대 자기를 만들 수밖에 없는 원인은 자신의 원래 모습인 자기(self)와 대인관계의 경험 사이의 불일치에 있다는 점이 제대로 드러나지 않았기 때문이다. 정신분석가들은 그저 자기애적 인격장애를 가진 환자들이 주위 사람들의 시선을 한 몸에 받았던 어린 시절로 퇴행하는 것이라고만 여겼다.

  초등학교나 중고등학교에 가면 이런 자기애가 강한 아이들을 적잖게 만날 수 있다. 꼭 특이한 행동만 골라서 하는 통에 쓸데없이 나대지 말라고 친구들에게 눈총을 받고 있을 가능성이 높다. 그래도 이런 아이들은 기죽지 않고 더욱 허세를 부린다. 주위 친구들의 시선이 거슬리지 않는 모양새다. 커가면서 자연스럽게 자뻑이 몸에 배고, 코헛이 말한 '과대 자기'가 자리 잡는다.

코헛은 자기애적 인격장애를 가진 이들의 과대 자기 증상을 전혀 새롭게 이해했다. 자꾸만 자기 자신을 부풀리며 풍선을 불어대는 데는 말 못할 이유가 있음을 헤아리고자 했던 것이다.

과대 자기를 지니고 사는 이들은 겉모습과는 달리 속으로는 엄청난 수치스러운 경험을 안고 사는 경우가 많다. 가장 흔한 예를 들자면, 어린 시절 부모에게 매를 지독하게 많이 맞아서 자기 자신에 대한 부끄러움으로 가득한 이들은 겉으로는 완전히 다른 가공의 자기를 연출한다. 엄청 힘이 센 척을 하기도 하고 지적인 모습을 연출하거나 거의 분장에 가까운 화장을 즐기기도 한다. 과대 자기는 부끄러움을 잘 모른다. 어느새 자기 자신도 과대 자기에 현혹될 만큼 진짜 자기와 과대 자기를 구분하기 어려워진다.

결국 자백은 자신이 숨기고 싶어 하는 부끄러움을 감추는 방패막 역할을 하는 것이다. 누군가가 나의 자백을 비난하거나 해체하려고 하면, 나는 더욱더 큰 자백을 준비하게 된다. 자신의 가치를 낮추어 스스로를 부끄럽게 느낄수록 그런 사실을 더 완벽하게 감추고 싶어지고, 과대 자기를 만들어 부풀리고 포장하려 한다.

　　이러한 자백을 단숨에 해결하기 위해 현실을 직시하도록 다그치면 오히려 부작용을 낳는다. 더 큰 자백으로 무장하게 만들기 때문이다. 코헛은 진짜 문제는 겉으로 보이는 과대 자기가 아니라 깊숙이 숨겨져 있는 매우 부실하고 허약한 내면의 '상처 입은 자기'이며, 이를 대리통찰 (vicarious introspection)할 수 있다면 오히려 자백은 충분히 공감해주는 것이 중요하다고 강조했다. 때로는 분명히 뻥인 줄 알아도 자백을 인정하며 고개 끄덕여주고, 감정적으로 이해해주는 치료적 자세가 필요하다는 이야기다.

　　그렇게 자백을 그대로 인정하고 공감해주기 시작하자 더욱 퇴행할 줄 알았던 자기애 환자들이 서서히 자기 자신 안에 숨겨진 '진짜 자기'를 있는 모습 그대로 수용하는 일이 가능해졌다. 자백을 그대로 공감해주는 치료자와의 관계 안에서는 더 이상 과대 자기를 가동시켜야 할 필요성이 자연스레 줄어들기 때문이다.

'저 사람 자백이 너무 심하네. 대체 왜 저러지?' 이렇게 짜증 나게 하는 사람은 어쩌면 자신의 진짜 자기를 스스로도 받아들이기 힘들어서 자백 뒤에 숨어야만 살 수 있는 것인지도 모른다.

무엇이 윌의 마음을 열었을까?

1997년에 개봉한 영화 〈굿 윌 헌팅〉을 살펴보면 자백이 심한 주인공의 '과대 자기'를 너무도 적절하게 다루는 정신과 의사 션 맥과이어 교수의 치료법이 잘 드러난다. 영화 초반부터 주인공 윌은 거친 행동과 패싸움을 일삼는 건달처럼 등장한다. 직업은 MIT공대의 청소부지만, 자기애는 실로 대단하다. 인근에 있는 하버드대학교 학생들의 코를 납작하게 만들어줄 정도로 학식과 배짱이 하늘을 찌른다.

우연히 그의 수학적 천재성을 발견한 MIT공대의 수학과 람보 교수는 폭행죄로 기소된 윌을 위해 보석금을 내고 석방되도록 한다. 단, 그의 과잉행동과 공격성을 위한 심리치료를 병행한다는 조건이 붙어 있었다. 자기애가 높은 윌은 만나는 치료자마다 농락하기 시작한다. 한 회기를 버티지 못하고 치료자들은 백기를 든다. 급기야 람보 교수는 자신의 대학 친구인 션 맥과이어 교수를 찾아가 윌을 부탁한다. 람보 교수는 옛 친구인 션과 이전부터 불편한 관계였지만, 션이 남다른 방식의 치료를 고집한다는 점에서 은근히 기대감도 있었던 것으로 보인다.

교만하기 그지없는 윌은 또다시 션 교수와 여러 차례 부딪친다. 그때마다 션은 윌을 내쳐버리지 않고 윌의 학식이나 잘난 척하는 허식 그리고 그의 과대 자기 뒤에 숨겨져 있는 참 모습을 보고자 노력한다. 치료자 션은 지속적으로 윌에게 스스로 내면을 살펴볼 것을 주문한다. 겉으로 잘난 척하는 모습은 자기 자신의 진짜 모습이 아니라면서. 오히려 치료사 션이 자신의 상실감이나 상처를 윌에게 드러내기도 한다. 회기를 거듭할수록 치료 관계는 점점 더 공고해진다.

치료의 마지막 회기 장면은 이 영화의 가장 유명한 하이라이트다. 마지막 시간, 치료자 션의 손에 들려 있는 것은 윌이 어린 시절 의붓아버지에게 심하게 구타를 당했던 당시 현장 사진과 관련 자료였다. 묘하게도 치료자 션 역시 가정폭력의 피해를 입은 생존자였다. 이 사실을 윌과 공유한 션은 윌에게 다가가 유명한 대사를 전한다. "네 잘못이 아니야!" 알고 있다고 답하는 윌의 눈길이 웬일인지 자꾸만 아래로 향한다. 션은 윌에게 자신의 눈을 보라면서 같은 말을 계속해서 되풀이한다. "네 잘못이 아니야!" 이 대사를 몇 번을 반복했는지 모른다. 영화를 본 사람들은 다음 장면을 잊지 못한다. 자꾸만 같은 말을 되뇌면서 윌에게 다가가는 션을 윌이 크게 화를 내면서 밀쳐내다가 갑자기 션에게 매달려 울기 시작하는 장면이다. 결국 윌은 션의 품에서 지난 수십 년 동안 묵은 울음을 토해내듯이 소리 내어 울기 시작한다. 오랫동안 그가 가슴에 품었던 모멸감과 수치심을 공감받는 순간이다.

치료자 션이 남달랐던 점은 무엇일까? 무엇보다 그는 다른 치료자들처럼 윌에게 농락당했다고 느끼는 즉시 그를 떨쳐내지 않았다. 션은 심한 자기애와 자기의 과대주의를 즐기는 윌의 겉모습을 보고 그를 판단하지 않았다. 윌에게 청소부에 불과한 현실을 똑바로 직시하게 한다든지, 아니면 수학적인 재능을 썩히지 말라고 충고하는 행동도 하지 않았다.

션은 윌의 심정을 윌 자신의 내면의 관점으로 알고 싶어 했다. 겉으로 보면 지극히 교만하고 건방진 건달이지만, 그의 내면 깊숙한 곳에서는 진짜 자신의 모습을 끝까지 숨기고 싶어 하는 부끄러운 아이가 보였을 수 있다. 그래서 하인즈 코헛이 발견한 자기애에 대한 새로운 접근 방식은 바로 대리통찰과 공감(empathy)이었던 것이다.

치료자가 내담자의 마음 안으로 들어가 스스로 느끼고자 하는 마음이 없으면, 즉 대리통찰이 이루어지지 않으면 내담자와는 결코 공감할 수 없다. 바깥에서 보면 자기애적 환자가 지나치게 과도한 자기(too much self)로 보일 수 있지만, 그 안으로 들어가서 느끼면 오히려 지나치게 부실한 자기(too little self)를 접하게 되기 때문이다.

영화에서 치료자 션이 아무리 윌이 잘난 척하면서 치료자를 공격해도 그를 떠나지 않고 그의 심중을 그의 입장에서 이해하려고 했던 태도가 이러한 대리통찰과 공감을 보여준 것이라고 할 수 있다. 내면 깊숙이 수치심이 자리잡고 있는 윌이 자신을 학식과 공격성으로 과대하게 부풀리는 동안, 션 이전의 어느 치료자들도 윌 내면으로부터 그를 통찰하고 제대로 느끼려고 하지 못했다. 오히려 윌의 과대 자기에만 직면하고 격하게 반응했는지 모른다.

진정한 치료나 완성도 높은 상담은 치료자와 내담자가 있는 모습 그대로의 부끄러운 자기(self)를 서로 꺼내놓는 일에서부터 시작된다. 상담 서비스를 처음 주창한 로저스는 치료자가 전문가로서의 역할 또는 치료 과정을 대단히 전문적인 것처럼 나타내고자 하는 태도, 즉 전문성이라는 가면 뒤에서 숨으려는 유혹을 강력하게 경계했다. 그럴수록 내담자는 더욱 과대 자기 안에 진짜 자기를 숨길 수밖에 없다. 내담자에게 대단해 보이는 치료자는 여전히 자신의 부끄러운 모습을 숨겨야 하는 평가자로 보이기 때문이다.

영화에서 여러 차례 치료자 션이 아내를 잃은 아픔의 경험을 공유하면서 윌의 외로움과 교감하려는 장면이 등장한다. 마지막 회기 장면에서 치료자 션이 자신도 가정 폭력의 생존자임을 밝힌 과정도 같은 아픔을 겪은 윌이 치료자 앞에서 부끄러운 진짜 자신의 모습을 더 이상 숨기지 않고 일치감을 경험할 수 있었던 배경이 된 것으로 보인다. 자신의 가치를 외부에 부풀리기 위해 풍선을 불어댈 필요가 없어지는 순간, 윌은 어린 시절의 부끄러운 기억 속에 숨겨진 자기 자신을 수용할 수 있었다.

우리도 어느 정도는 이런 부끄러운 기억을 자신 안에

숨기고 산다. 다른 사람에게 들키지 않기 위해 자꾸 잘난 척, 강한 척, 혹은 완벽한 척을 하게 된다. 자신에 대한 평가의 기준이 늘 밖에 있다고 믿기 때문이다. 그러나 절대로 그렇지 않다. 나의 '진짜 자기'가 외부 평가의 경험으로부터 해방될 수 있는 길은 오롯이 내 안에 있다. 내가 나를 무조건 수용하고 괜찮다고 여겨야만 이런 해방감을 맛볼 수 있다.

가슴 없이 감정을
나눌 수 있을까?

수많은 분야에서 각종 로봇들이 인간이 하는 일을 대체하기 시작했다. 로봇은 이제 극소수의 의료 전문가들만이 해내는 복잡한 수술까지 할 수 있게 되었다. 물론 아직까지는 인간과의 협업이 필요한 부분도 많다. 하지만 언젠가는 인간이 하는 일을 로봇이 전부 대체하리라는 불안감을 느끼는 사람들이 적지 않다.

　장차 로봇이 인간과 겉모습으로 구별되지 않는 시대가 오게 된다면, 로봇과 인간의 다른 점은 무엇일까? 현재 로봇의 뇌는 인간을 훨씬 능가할 수 있다. 정보처리 속도는 인간의 지능을 가볍게 뛰어넘는 수준이다. 로봇의 똑똑한 뇌를 우리는 흔히 '인공지능(AI)'이라 부른다. 로봇의 손과 발도 인간보다 출중하게 뛰어난 운동능력을 보여줄 수 있다.

　그러나 로봇에게 없는 것이 하나 있다. 바로 가슴이다. 로봇의 전기 장치나 배터리를 충전하는 기능이 인간의 가슴과 비교될 수 있을지도 모르겠다. 과연 그럴까?

가슴의 잠재적인 기능이 에너지를 제공하는 일을 넘어서서 영혼을 움직이고, 영혼의 언어로 타인과 연결하는 일이라면 이는 전혀 다른 문제다. 그래서 나는 로봇이 인간처럼 생명의 숨을 쉬지 않는 한, 인간이 하듯이 타인과 마음을 공유하는 기능을 만들어내는 일은 무척이나 요원하다고 본다.

감정을 문제해결식으로 다룬다면

로봇 시장이 열리면서 이젠 머리 좋은 똑똑한 로봇 말고 가슴이 따뜻한 로봇을 찾기 시작했다. 집에 돌아오면 따뜻하게 맞아주고 좋아하는 음악을 들려주는 감성로봇이 나왔다. 혼자 사는 이들에게 이러한 로봇은 애완동물처럼 마음을 주고받는 식구가 될 수도 있을 듯하다. 이러한 감성로봇을 가만히 살펴보면 사전에 많은 정보를 가지고 있어야 정서를 안정화할 수 있는 대안 제시가 가능한 구조다.

감성로봇은 일단 내가 좋아하는 음악을 사전에 많이 알고 있어야 한다. 빅데이터 기술을 활용해 내가 즐겨듣는 음악이나 인터넷으로 자주 검색하는 음악을 미리 종류별로 분류해 저장해놓을 수 있다. 감성로봇은 퇴근해서 집에 돌아온 내 얼굴 표정을 고성능 카메라로 세밀하게 관찰하며 기분을 파악하는 기술을 탑재할 수 있다. 그리고 그 기분에 어울리는 적절한 음악을 선별할 수 있는 지식이나 정보도 보유하고 있어야 한다.

감성로봇은 내가 대화 상대가 없어 적적할 때 따뜻한 대화를 나누는 친구가 될 수도 있다. 내가 평소 대화 중에 자주 쓰는 감정 표현 단어가 있으면 미리 정리해두고, 사용하는 단어에 따라 현재 내 기분을 파악한 후 적절한 대안을 제시해야 한다. 이러한 기능은 모두 미리 저장해놓은 정보의 양이 많을수록 정교해진다. 물론 정보는 로봇의 자율학습 기능을 통해 점점 기하급수적으로 확장된다.

나는 최근 인공지능을 연구하는 공학자들과 함께 인공 '감성' 지능에 대한 융합연구를 시작했다. 가장 똑똑하다는 소형 인공지능 기기를 앞에 놓고 간단한 감정적인 대화부터 시도해보았다. 제일 먼저 내가 건넨 말은 "I am lonely!(나는 외로워!)"였다. 인공지능 기기는 주저하지 않고 내게 이렇게 답변했다. "I don't know about that!(그건 내가 잘 모르겠고!)" 시중에 나와 있는 가장 똑똑한 인공지능 기기라고 자랑했던 공학 전공 교수들도 무안해했다.

사실 놀랄 것도 없다. 아직 그 인공지능 기기는 외로움이라는 감정에 대해 대처할 정보가 준비되지 않았던 것이다. 그래서 "내가 화가 많이 나!"라고 말했더니, 의자에 허리를 붙이고 앉아 마음을 가라앉혀보라며 대안을 제시했다. 분노 감정에 대해서는 미리 정보가 탑재되어 있었던 것이다. 그래도 계속 화가 난다고 했더니, 인공지능 기기는 내게 깊은 복식호흡을 해보라고 권했다. 그래도 화가 난다고 했더니, 조금만 기다리면 검색해서 알려줄 수 있다고 친절하게 답변했다. 이제 정보가 바닥난 모양이었다.

이렇게 내가 대화하려고 했던 인공지능은 언제나 감정을 머리로 처리하려고 시도했다. 가슴이 없는 인공지능 기기에게는 너무도 당연한 이치다. 그런데 머리 안에 충분한 정보가 없으면 대화도 금세 끝이 나고 만다. 제아무리 똑똑한 인공지능 기기도 대화에서 감정적인 표현을 접하고 나면 웬일인지 대화를 이끌어갈 동력을 이내 상실한다. 미리 가지고 있는 정보를 가지고 일방적인 대안을 제시하기 때문이다. 일단은 심호흡도 해보라고 하고 마음이 안정되는 데 도움 되는 음악을 들려주기도 한다. 하지만 감정적인 소통이라고 하기엔 뭔가 부족해 보인다.

소위 감성로봇이라고 제작된 인공지능 기기들마저 감정에 대응하는 방식은 아직 해결 중심이다. 가슴 깊숙이 자리 잡은 핵심 감정까지 함께 충분히 공감할 수 있는 감성로봇은 찾기 힘들다. 내가 겉으로는 화가 난 것처럼 보이지만 실은 오늘 친구들과의 관계에서 심한 모멸감과 창피함을 경험했다는 사실은 미처 헤아리지 못하는 것이다. 그래서 감성로봇은 자꾸만 클래식 음악을 통해서 분노 감정을 통제하려고만 할지도 모른다.

그런데 문제는 로봇이 아니다. 우리는 아이들의 감정을

문제해결식으로 간편하게 접근하는 부모들의 행동을 고민해야 한다. 수학 문제가 안 풀린다고 공책을 던져버리는 아이를 두고 엄마는 그 성질머리부터 고치라고 소리를 지른다. 그렇게 성질내려면 공부하지 말고 그냥 잠이나 자라면서 아이 방의 불을 꺼버리기도 한다. 그게 아이의 문제를 가장 단숨에 해결할 수 있는 방식이라 여기기 때문이다. 그러면 아이는 거의 발광하듯이 소리를 지를 가능성이 높다.

감성로봇을 닮아 있는 부모들이 제일 먼저 명심해야 할 감정 접근법은 감정은 가슴으로 다루어야 한다는 사실이다. 감정을 드러내는 상대를 머리로 파악하고 신속한 해결방법을 제시한다면, 이는 가슴이 전혀 사용되지 않았다는 증거다.

"많이 속상하지? 내일이 시험인데, 문제가 그렇게 잘 안 풀리면 정말 불안할 거야."

물론 머리가 전혀 필요하지 않은 것은 아니다. 많은 감정 단어를 확보하고 그것을 적절하게 사용해서 상대방의 감정과 상호 조율하는 과정이 중요하기 때문이다. 부모가 다양한 감정 단어를 사용할 수 있고 아이와 조율할 수 있다면, 아이는 훨씬 쉽게 감정조절을 할 수 있다. 아이가 소리를 지르며 화를 내는 행동은 자신의 마음 깊숙한 곳에서 부모에게 공감을 받고 싶어 하는 또 다른 감정이 숨어 있다고 시그널을 보내는 것임을 알고 있다면 금상첨화다.

아이가 '분노'만 느끼는 것처럼 보이지만 실은 그렇지 않다. 문제가 안 풀려서 '속상함'을 느끼고, 숙제를 다 못할 것 같은 '불안감'에 시달리는 것일 수도 있으며, 자꾸만 오답이 나올 때 드는 '무력감' 혹은 친구들보다 못하다는 '열등감' 같은 여러 가지 감정이 감춰져 있을 가능성이 높기 때문이다. 이런 감정의 단어들이 충분히 확보되지 않은 인공지능이나 부모는 문제해결식으로 대화를 몰아가기 쉽다. 아마도 가장 친절한 답변은 그렇게 화내면 건강에 해롭다고 알려주는 정도가 아닐까?

감성 언어 + 비언어적 단서

대학에서 상담전문가를 훈련하는 나는 상담사에게 제일 먼저 '감정 단어장'을 만들게 한다. 평소 상대방에게 감정을 표현하는 것에 익숙하지 않은 한국 사람들이 상담사가 된다고 해서 내담자가 감정을 다양하게 표현하도록 돕고 조율하는 일이 갑자기 저절로 쉬워지지는 않기 때문이다. 인공지능 감성로봇이 감정의 대화를 제대로 하려면 다양한 감정 단어를 숙지하고 있어야 하는 것과 꼭 같은 이치다.

상담 서비스를 처음 주창한 칼 로저스는 상담사로서 지속적인 훈련을 통해 누구나 숙련할 수 있는 기술이 '공감'이라고 주장했다. 부모가 아이의 감정을 충분히 공감하지 못하는 이유는 머리를 써서 재빠르게 해결을 추진하기 때문이다. 공감의 기술은 머리를 많이 쓰고 판단이 빨라지면 전혀 쓸 수 없는 기술이다. 그래서 나는 공감을 '가슴의 기술'이라고 부르곤 한다. 공감은 판단이나 평가를 내리지 않는 돌봄의 마음으로 접근할 때 가능한 기술이다.

부모가 아이의 감정을
충분히 공감하지 못하는 이유는
머리를 써서 재빠르게
해결을 추진하기 때문이다.
공감의 기술은 머리를 많이 쓰고
판단이 빨라지면
전혀 쓸 수 없는 기술이다.
그래서 나는 공감을
'가슴의 기술'이라고 부르곤 한다.
공감은 판단이나 평가를 내리지 않는
돌봄의 마음으로
접근할 때 가능한 기술이다.

머리를 많이 쓴다는 말은 상대방의 언어에 집중하고, 그 내용을 파악하는 일에 치중한다는 말이다. 언어로 소통할 때는 그 언어를 이해하기 위한 대뇌가 담당하는 분석적인 절차가 가동되어야 한다. 한데 자꾸 분석을 하다 보면, 대화의 방향은 자연스레 신속한 문제해결로 마감된다. 그래서인지 로저스는 '적극적인 경청'이라는 표현을 즐겨 사용했다. 그저 말이나 단어를 인지하고 파악하는 것은 소극적인 경청이라 여긴 모양이다. 오히려 그는 언어가 숨기고 있는 감정과 의미를 적극적으로 드러내는 것을 중시했다.

적극적인 경청을 위해서는 눈의 역할도 중요하다. 상대방이 말을 제대로 잇지 못하고 갑자기 눈가에 이슬이 맺혔다면, 굳이 더 이상 언어적인 표현을 요구할 필요가 없다. 실은 상대방은 말하지 않고도 아주 명확한 '비언어적인 단서'를 보여주고 있기 때문이다. 이런 세밀한 관찰 능력은 숙련된 상담사의 필수조건이다.

뛰어난 감성로봇을 만들려면 인간의 눈이나 표정을 순간적으로 포착하고 파악할 수 있는 고성능 카메라가 필요한 것도 같은 이치다. 우리가 즐겨 사용하는 다양한 감정 단어를 용례에 따라 분류하고 적절하게 사용할 수 있는 알고리즘을 알 수 있다면 인공지능 감성로봇은 훨씬 더 많은 감정 표현을 확보하고, 여기에 적중률 높은 감정 조율의 방법까지 숙지할 것이다. 그렇게 되면 감성로봇이 인간의 공감 능력을 훨씬 능가할 수 있지 않을까? 뿐만 아니라 비언어적 표현을 포착할 수 있는 세밀한 관찰 기능도 어쩌면 고성능 카메라를 탑재한 인공지능 감성로봇이 인간보다 더 훌륭하게 해낼지 모른다.

나는 한국어가 서툰 외국인이나 결혼 이주민들이 불분명한 언어로 말해도 제대로 파악하고 소통할 수 있는 공감 애플리케이션에 대한 연구 제안서를 쓴 적이 있다. 현재 스마트폰의 음성 인식 애플리케이션은 우리의 부정확한 발음도 스스로 제대로 수정해 인식할 수 있는 수준에 와 있다. 이미 저장되어 있는 정보를 바탕으로 고도의 알고리즘 분석능력을 활용하면, 인공지능 감성로봇이 한국어 소통이 서툰 이들과도 더 잘 대화할 수 있으리라는 가정을 해볼 수 있다.

이러한 제안서를 쓰면서 연구원들은 애플리케이션이 실제로 개발된다면 상담사들의 일자리가 점점 줄어들 것이라는 우려를 나타냈다. 우리의 연구가 혹여 미래 세대의 일자리를 빼앗는 일이 될 수도 있을까? 인공지능 기술로 언어능력과 관찰능력이 인간을 훨씬 뛰어넘는 감성로봇이 출현한다면 정말 어느 상담사보다도 탁월하게 공감할 수 있을까?

'목숨'만큼 중요한 '가슴'의 비밀

인공지능 로봇이 두뇌로는 인간을 능가할 수 있지만, 공감능력은 절대로 인간을 능가할 수 없다. 인공지능은 심장이 없기 때문이다. 심장뿐 아니라 인간이 가진 내장기관이 전부 없다. 당연한 일이다. 굳이 로봇이 내장기관을 가지고서 온 몸에 혈액이 흘러 다녀야 할 이유는 없다. 아무리 인간의 두뇌를 능가하는 정보처리장치가 구비되어 있더라도 인간처럼 숨 쉬지 않으면 가슴이 뛰지 않는다. 인간처럼 느끼거나 울 수도 없다. 숨은 만들어진 것이 아니라, 하늘로부터 주어진 생명의 선물이다. 숨의 기원은 과학적인 분석이 불가능하다. 어쩌면 신적인 작품이라고 할 수밖에 없다. 그래서 숨 쉬지 않는 로봇은 결정적인 공감 장애를 가질 수밖에 없다.

이러한 숨이 인간의 공감능력에 어떤 영향이 있다는 것일까? 인간이 인간답다는 것은 숨을 스스로 쉰다는 것이다. 무엇보다 숨을 쉰다는 것은 몸과 영혼이 모두 살아 있다는 증거가 된다. 제아무리 똑똑하고 감성능력마저 보유한 로봇이라 할지라도 스스로 생각하고 정보 분석을 통해 느낌을 전달할 뿐, 영혼을 경험할 수는 없다. 숨을 쉬어야 영혼이 움직이기 때문이다.

앞서 나는 숨과 영혼이란 단어의 히브리어와 희랍어, 그리고 라틴어 어원이 같다고 언급했다. 어원이 같다는 것은 큰 의미가 없을 수도 있다. 어원이 같다고 기능과 의미가 똑같으리라는 법은 없다. 단지 나는 인간의 기술이 아무리 발전한다고 해도 숨과 영혼은 인간의 힘으로 만들어낼 수 없다는 공통점에 주목하고 싶다. 말 그대로 신적인 창조물이다.

숨을 만들어낼 수 있다면, 지구상 모든 생명체가 죽지 않는 날이 올 수 있다. 숨을 쉬는 일은 인간이 인간답게 영혼을 누리고 영혼을 나누며 살 수 있도록 만드는 기초가 된다. 어린 시절부터 공부에 시달려온 현대인은 두뇌와 머리를 써서 생각하고 분석하는 일이 인간을 인간답게 만든다고 믿는다. 인간은 동물과 달리 생각하는 존재라고 여기면서 말이다. 그래서 똑똑한 인공지능을 부러워하는 사람들도 적지 않다.

하지만 우리는 살아가는 동안 정작 우리에게 소소한 행복감을 주는 것은 머리를 쓰는 일이 아니라, 가슴이 움직이는 일이라는 사실을 점차 깨닫게 된다. 자기심리학을 창시한 하인즈 코헛은 인간은 다른 동물과 달리 특별한 산소 하나가 더 필요하다면서, 인간은 생물학적인 산소 말고도 '심리적 산소'가 충분히 제공되어야 인간답게 사는 것이 가능하다고 주장했다. 인간은 그저 숨만 쉰다고 사는 것이 아니라, 다른 사람들과 감정을 나누며 교감할 때 제대로 인간답게 살 수 있다. 나는 이를 '영혼의 숨'이라고 부르고 싶다.

코헛은 심리적 산소란 아주 어릴 때부터 바로 옆에 있는 사람들과 자신의 감정을 소통하고 이해받을 때 생기는 공감의 산물이라고 설명한다. 부모에게 충분히 공감을 받으면 심리적 산소가 충분히 공급되어 심리적으로 건강하게 성장한다. 하지만 주위로부터 충분한 공감 경험이 없으면, 심리적 산소 부족 현상으로 '영혼의 숨'이 막히게 된다.

물론 이러한 일시적인 질식 현상은 언뜻 보면 자연적인 목숨과는 전혀 상관없어 보인다. 하지만 한 인간이 아주 오랫동안 최소한의 공감도 받지 못하게 된다면, 그 상처는 스스로 목숨을 끊고자 할 만큼 심각하다. 그래서 인간에게는 '영혼의 숨'이 바로 '목-숨'과 직결되는 호흡이 아닐까?

결국 인간에게는 '가-숨'의 소통이 '목-숨'만큼 중요하다. 가슴, 즉 '가-숨'은 심장의 옆이라는 뜻이 아닐까? 인

우리는 살아가는 동안 정작 우리에게
소소한 행복감을 주는 것은
머리를 쓰는 일이 아니라,
가슴이 움직이는 일이라는 사실을
점차 깨닫게 된다.

인간은 그저 숨만 쉰다고
사는 것이 아니라,
다른 사람들과 감정을 나누며 교감할 때
제대로 인간답게 살 수 있다.
나는 이를 '영혼의 숨'이라고 부르고 싶다.

간에게 머리(뇌)가 제일 중요한 기관인 것 같지만 꼭 그렇지는 않다. 뇌의 기능이 멈추었어도 가슴의 기능이 멈추지 않았다면 우리는 살아 있는 것으로 간주한다. 심장과 가장 가까운 곳에서 생명을 민감하게 느끼는 부위가 바로 가슴이다. 공감받지 못해 가-슴에 심리적 산소가 잘 공급되지 않으면 목-숨도 부질없다고 느끼는 것이 바로 인간이다. 그래서 우리는 어느 생명체보다도 가-슴에서 감정을 충분히 나누면서 공감의 산소가 있어야만 영혼의 숨을 제대로 쉴 수 있는 특별한 존재다.

공감은 뇌가 아니라 '내장'이 느낀다

생리심리학자 스테판 포지스(Stephen Porges)는 맨 마지막에 진화된 인간의 제10 뇌신경인 미주신경(vagus nerve)의 기능에 주목해온 학자다. 미주신경은 얼굴근육, 호흡과 관련된 성대에서부터 심장, 폐, 신장, 간, 소화기관을 연결해 온 몸을 '돌아다니는(wandering)' 신경이다. '미주

(vagus)'란 '돌아다닌다'라는 의미의 라틴어다. 미주신경은 본시 심장박동을 느리게 하는 억제신경으로 신체를 이완시키는 긍정적인 역할을 한다. 이때 심장박동의 변화는 내장기관을 돌아다니는 미주신경과 연결되어 있다. 우리가 긴 여행을 끝낸 후 집에 돌아와 푹신한 침대에 몸을 던졌을 때 가-슴에 번지는 편안함과 안정감을 느끼는 순간이 미주신경이 최고조로 활성화된 상태라고 할 수 있다.

흥미롭게도, 포지스는 미주신경을 '연민(compassion)의 신경'이라고 정의한다. 우리가 다른 사람들이 곤경에 처한 모습을 보면 자신도 모르게 한숨을 짓는 현상은 미주신경을 활성화시키는 과정이라고 주장한다. 역으로 생각하면 가-슴으로 긴 숨을 쉬는 사람은 생리적으로 자신과 타인에 대한 연민과 긍휼의 마음을 더욱 풍성하게 가질 수 있다는 말이 된다. 감동의 순간 우리의 가슴이 먹먹해지는 것 역시 미주신경이 가-슴, 즉 내장 주위를 맴돌기 때문이다. 그렇다면 나는 미주신경을 다른 모든 생명체에 연민을 느끼게 만드는 '가-슴의 신경'이라고 정의하고 싶다. 또한 이는 결국 인간이라는 종족에게만 특별하게 진화된 영혼을 활성화하는 신경계인 것이 틀림없다.

공감이 상담 서비스의 가장 중요한 요소라고 강조했던 칼 로저스는 말년에 자기 자신의 '직관적 자기'에 가까워질 때 특별한 공감이 가능했다고 고백한 바 있다. 직관적 (visceral)이라는 단어는 그가 평생 즐겨 사용했던 말이다. 나는 이 단어의 직설적인 뜻이 바로 '내장(內臟)'을 의미한다는 점에 주목한다.

진정한 공감은 상대방의 느낌을 우리의 뇌가 느끼는 것이 아니라, 가슴 안에 있는 내장이 느끼는 것이다. 우리가 사랑하는 이의 말을 듣고 가슴이 덜컥 내려앉는 경험을 하거나 가슴이 두근거리는 경험을 한다면, 내장으로 제대로 느끼고 있는 것이다. 로봇과는 다르게 우리는 가-슴의 내장이 있다는 사실에 대해 감사해야 한다. 상대방과 뜨겁게 공감하고 영혼의 언어를 전달할 수 있는 신적인 기관을 선물로 가지고 있음을.

누구나 저마다의
자산을 가지고 태어난다

나는 가끔 대중 강연을 할 때 엉뚱한 질문을 던진다. 한 방송사에서 인기리에 방영되었던 드라마 〈응답하라 1988〉의 후속 편으로 머지않아 〈응답하라 2004〉가 나올 텐데, 2004년은 한국인에게 어떤 해인지 아느냐고 물어본다. 대답은 잘 나오지 않는다. 1988년도처럼 올림픽이 열린 것도 아니고, 한일 월드컵도 2년 전인 2002년이 아닌가? 대답이 신통치 않아 청중들이 궁금해할 때쯤, 2004년은 내가 전임교수로 임용된 해라고 너스레를 떨곤 한다. 황당한 대답에 청중이 배신감을 느끼면, 나는 바로 정답을 소개한다.

2004년은 대학가에서 주로 사용되던 '스펙'이라는 단어가 신조어사전에 정식으로 등록이 된 해다. 내가 교수로 임용된 그 해는 대학이라는 곳이 청년들의 넘치는 상상력과 창의력 대신 스펙의 종류나 숫자로 학생을 평가하는 문화에 젖어들기 시작한 원년이 되는 셈이다. 그 해에 대학교수를 시작한 나는 그러한 문화에 편승한 원죄를 벗기 힘들지도 모른다.

스펙 3종만 해도 이전 세대의 유물이라 할 수 있다. 학벌+학점+토익이라는 취업 3종 세트는 내가 대학을 다니던 시대에도 존재했던 것 같다. 5종이 되면 자격증과 어학연수가 추가되고 7종이면 공모전 입상과 인턴경력이 더 요청된다. 9종이면 사회봉사와 성형수술까지 완료되어야 한다. 스펙의 종류가 늘어나는 만큼 스펙이 부족하다고 느끼는 이들의 상대적인 박탈감과 상실감이 어느 정도일지 짐작해볼 수 있다.

스펙이 무조건 불필요하다는 얘기가 아니다. 지난 20여 년 가까이 대학의 '스펙 문화'는 젊은이와 구직자 모두의 '자기 존재의 가치(self-worth)'를 처절히 떨어뜨리고 말았다. 내가 가진 나만의 특성은 스펙 안에 감추어지고, 모두가 기계적으로 추구하는 스펙의 'n종 세트'라는 겹겹의 포장지가 고유한 특성과 자원을 감쪽같이 덮어버렸다.

격투기인가, 활쏘기인가?

결국 스펙은 친구, 동료의 틈도 벌려놓았다. 대학 생활을 하면서 친구라는 존재는 스펙 쌓기 대회의 치열한 경쟁자다. 어느 교수의 대학생 자녀는, 어차피 자신은 아버지의 수업을 듣지 못하니 아버지가 학생들에게 무조건 학점을 박하게 줬으면 좋겠다고 말했다고 한다. 자기 또래 청년들을 모두 적이라고 느꼈던 모양이다. 국내 봉사 경력이 있는 친구를 넘어서기 위해 큰돈을 들여서라도 해외 봉사를 가겠다고 우기는 학생들도 종종 보게 된다.

어느새 이 사회는 격투기 현장처럼 변했다. 링에 오른 이상 상대방을 거꾸로 들어 처박아야 내가 산다. 이러니 젊은 세대가 한국 사회를 '헬조선'이라 부를 만하다. 한국 사회가 서로 죽고 죽이는 피 비린내 나는 전쟁터가 되고 마는 것만이 비극의 끝은 아니다.

내가 더욱 마음 아프게 생각하는 것은 따로 있다. 상대방의 스펙의 종류만 살피고 그 경쟁에서 이길 생각만 하지, 내가 정말 누구인지를 진지하게 묻지 않는 현실이 더 안타깝기 그지없다. 나는 때로는 학문의 세계가 활쏘기와 같다고 상상하곤 한다. 그저 내 과녁에만 집중해야 하기 때문이다. 가끔은 다른 사람의 연구를 넘어서려고 과욕을 부리는 연구자들도 보게 된다. 그들은 늘 쫓기는 삶을 산다. 어차피 언젠가는 누군가가 내 속도를 넘어서 내 연구를 능가할 텐데, 이를 두려워하는 이들은 학문의 재미를 놓치고 만다. 학문은 내 안에 있는 나와 대화하는 일이요, 나의 세계가 넓어지는 것을 기뻐하는 일이다.

　활쏘기 같은 학문의 세계에서 남들의 시선이나 남들의 평가에 지나치게 민감하면 내 활의 시위는 흔들릴 수밖에 없다. 나에게 집중하면 할수록 활쏘기 성적은 오르게 마련이다. 운동선수들은 자기와의 싸움이 가장 중요하다고 말하곤 한다. 구기 종목이나 태권도, 복싱과 같은 겨루기 종목에서도 이와 같이 이야기하는 것은 어쩌면 심리적인 자기(self)에 대한 관리나 조절이 상대방의 전술을 파악하는 일보다 더욱 중요하다는 의미가 있는 듯싶다.

여러 해 전에 연구년을 얻어 반년 동안 미국 캘리포니아에서 거주한 적이 있다. 그때 친척에게 물려받은 중고 골프채를 들고 가서 난생 처음으로 골프 레슨을 받았다. 왕년에 프로선수로 이름을 날렸다는 골프 코치는 나에게 연습 시간 전에 미리 와서 5분 동안 복식호흡을 하게 했다. 그래야 하는 이유를 묻지는 않았다. 골프 코치까지 복식호흡과 명상을 좋아하는 것을 보면 역시 '캘리포니아스럽다'라고만 생각했다.

처음에는 시키는 대로 복식호흡을 했지만 때로는 지루한 숙제인 것 같아서 시간을 조금씩 줄였다. 그런데 골프 코치는 내가 복식호흡 시간을 줄이거나 하지 않은 날을 기가 막히게 알아맞혔다. '어디서 몰래 쳐다보나?' 하는 생각이 들 만큼 정확했다. 그제야 나는 코치에게 복식호흡과 골프가 무슨 관련성이 있는지 물었다.

당시 60세를 훌쩍 넘은 베테랑 코치는 대부분의 코치들이 골프는 10퍼센트가 신체 운동(physical exercise)이고 90퍼센트가 정신 운동(mental exercise)이라고 주장하는데,

그런 말을 들어본 적이 있느냐고 내게 물었다. 처음 들은 이야기였지만 운동신경보다 마음 자세가 더욱 중요하다는 의미로 알아듣고 고개를 끄덕였다. 코치는 나를 바라보면서, 이는 모두 거짓말이라고 딱 잘라 말했다. 그는 자신이 40년 가까이 골프라는 운동을 해보았지만 전혀 다른 결론에 이르게 되었다고 했다. 멘털(mental)은 90퍼센트가 아니라 그저 10퍼센트에 불과하다는 것이다. 전혀 예상 밖이었다. 그러면 90퍼센트가 신체적인 운동이라는 소리인가? 내가 의아해할 때쯤 코치가 빙그레 웃으면서 대답을 이었다.

"골프의 90퍼센트에 해당하는 것은 바로 심리적인(psychological) 것이죠!"

그는 구태여 복식호흡과 골프의 연관성을 설명하지 않았다. 하지만 나는 그가 연습 전에 복식호흡을 통해 내게 심리적 안정을 취하게 하려는 의도가 있었음을 충분히 알아차릴 수 있었다.

자기와의 심리전

　내가 봉직하는 학교에서 상담과 코칭 분야 박사과정을 밟던 중년의 학생이 장애인 올림픽 양궁 대표 팀의 심리치료사로 참여한 적이 있었다. 그가 대표 팀 선수들에게 쓰는 방법도 내 골프 코치의 방법과 다르지 않았다. 연습할 때도, 경기 직전에도 늘 복식호흡과 명상을 권장했다. 나는 그 양궁 대표 팀 심리치료사에게 내가 들은 골프 코치의 명언을 인용해 들려주기도 했다. 양궁은 10퍼센트의 멘털 싸움과 90퍼센트의 심리전이라고.

　그러던 어느 날 양궁 대표 팀과 함께 대회에 출전 중이던 심리치료사에게서 급하게 연락이 왔다. 갑자기 다른 팀들의 경기를 지켜보던 선수들에게 급격한 자신감 저하가 찾아오더니, 마침내 예선 성적마저 평소보다 훨씬 저조해지기 시작했다는 것이다. 하루 이틀 뒤에는 본선이 시작되는데, 심리적인 안정대책이 시급한 상황이었다.

　체력이나 여러 가지 면에서 월등해 보이는 상대 선수들에게 갑자기 주눅이 들어버린 선수들을 다시금 자신과의 치열한 싸움으로 되돌린다는 것은 쉬운 일이 아니었다. 자신이 가진 기본 실력도 발휘하지 못하게 하는 심리적인 장애물은 결코 단시간에 거둬낼 수 없기 때문이다. 이에 심리치료사는 나에게 다급하게 묘책을 요청했다.

순간 나는 각자의 자기(self)가 이미 소유한 숨겨진 자원을 동원하는 일이 제일 중요할 듯싶었다. 그래서 무료로 사용할 수 있는 마틴 셀리그먼(Martin Seligman)의 성격강점 검사(VIA Test)를 해보도록 제안했다. 또한 대표 팀 모두가 모여서 검사 결과를 가지고 서로의 성격적인 강점들을 공유할 것을 주문했다. 경기를 앞둔 자신의 심리적 장벽을 극복하기 위해 각자가 지닌 강점들을 사용할 수 있는 방법을 고민해보고 서로 코칭하게끔 했다.

결과는 성공적이었다. 검사를 통해 알게 된 자신의 다섯 가지 대표적인 성격강점(signature strength)은 동료와의 대화를 통해 자신 안에 새로운 숨을 불어넣었다. 24개의 성격강점 중 가장 점수가 높은 다섯 가지를 알려주는 검사는 좀 더 구체적으로 각자가 가진 '감사', '유머감각',

'끈기', '신중성', '열정' 등의 성격강점이 모두 활용되어 자신 안에 있던 두려움을 극복하도록 도왔던 것 같다.

예컨대 '감사'의 성격강점을 알게 된 선수는 "그래도 여기까지 온 것이 참으로 감사하지 않니. 우리 이제부터의 성적은 보너스 선물로 여기자!"라고 말할 수 있게 되었을 것이다. '신중성'의 강점을 가진 선수는 "우리가 너무 상대방의 모습만 보고 우리를 낮추어 보는 건 아닐까? 곰곰이 생각해보면 상대 팀에서 우리를 보고 더 많이 놀라고 있을지도 몰라!" 하면서 새로운 해석을 제시했을 수도 있다.

선수단 안에서 자기 안에 있는 자신도 잘 몰랐던 강점을 동료들에게 인정받고, 확신에 찬 '말-숨'으로 서로에게 전달될 때 큰 힘을 부여받았을 것이다. 위기의 순간, 대표 팀 내 모든 선수들이 부정적인 말-숨을 조금만 더 나누었어도 팀 전체에 '심리적 산소' 공급이 중단되었을지도 모르는 일이다. 그리고 이는 극단적인 경기력 저하로 이어질 수도 있었다.

그러나 다행히도 성격강점 검사는 서로가 자신을 향해 그리고 다른 선수들을 향해 심리적 산소가 풍성한 말-숨을 전달할 수 있는 객관적인 증거를 제공했을 것이다. 검사에 의거해 서로가 긍정적인 말-숨을 주고받는 단순한 경험은 대표 선수 가슴마다 새로운 생기를 불어넣을 수 있었다. 여기서 분명한 사실은 VIA 검사가 알려준 강점은 검사로 인해 만들어진 것이 아니라는 점이다. 그 강점들은 원래 태어날 때부터 가지고 있었던 고유한 자산이다.

약점 또한 내게 주어진 선물

내 안에 있는 모든 심리적인 자원은 전부 나의 자산이다. 조물주가 있다면 내게 준 모든 심리적인 자원은 분명히 의미와 용도가 있는 선물이 아닐까. 경기를 앞두고 '두려움'이 지나치다고 생각하는 양궁 선수는 그 두려움으로 인해 연습량을 늘릴 수 있었다는 것을 아직 헤아리지 못했을 뿐이다.

자신의 단점이라고 믿었던 자원을 강점으로 바꾸는 사람들을 종종 보게 된다. 태어날 때부터 몸에 장애가 있어서 휠체어에 의지할 수밖에 없는 이가 있었다. 그에게는 활동량이 많은 일을 할 수 없다는 점이 구직을 하는 데 가장 큰 약점이었을 것이다. 하지만 그는 그렇게 여기지 않았다. 그리고 자신을 향해 늘 이런 말-숨을 들려줬다. "너는 누구보다도 책상에 가장 오래 앉아 있을 수 있는 강점을 가졌어!"

　자신이 가진 모든 약점과 단점도 성장할 수 있는 가능성의 시작이 된다는 사실을 우리는 잊고 있을 때가 많다. 그래서 약점은 늘 '성장 시작점'이다. 우리가 가진 생명력은 계속 성장하게 하는 에너지를 보유하고 있다. 타고난 단점을 평생 한계점이라 여기며 스스로 성장하길 멈춘다면, 영혼마저 성장을 멈추고 말 것이다. 성장에 대한 아무런 상상을 할 수 없기 때문이다.

　생명의 시작, 생명의 근원은 인간의 한계 밖에 있다. 또한 성장은 생명의 가장 근본적인 속성이다. 생명력을 만드는 일 그리고 유지하고 회복시키는 일은 인성보다는 신성에 가까운 속성이지만, 이러한 성장을 스스로 포기하는 것은 우리가 자주 범하는 실수다. 우리에겐 내 안에 있는 모든 자원이 성장을 위해 주어진 선물이라고 믿는 영혼의 상상이 필요하다.

자신에게 닥친 위기까지 선물로 여기는 사람은 영혼의 상상이 충분히 활성화된 사람이다. 나는 상담학을 연구하면서 엄청난 재난과 삶의 위기를 경험한 이들을 만나고 상담하는 일을 진행해왔다. 때로는 사회적 재난을 당해 자녀를 잃은 부모가 이러한 상실 경험을 통해 자녀와 같은 사회적 약자나 피해자를 찾아가 기꺼이 도울 수 있는 새로운 내적인 동기가 생겼다면서 감사하는 마음을 갖는 경우도 있었다. 나는 수년간 자신의 비극마저도 새로운 성장의 기회로 만드는 강력한 내적인 역동을 보게 될 때마다 놀라지 않을 수 없었다. 이것이 내가 연구자로서 자신과 자기 가족을 초월해 영적인 성장을 만들어가는 이들에게 관심을 가지게 된 이유다. 연구자들은 이를 '외상 후 성장(post-traumatic growth)'이라 칭하기도 한다.

　　나는 '자신과의 싸움에서 이기라'고 하기보다는 '자신 안에 있는 자원을 선물로 받아들이라'는 말을 더 많이 쓰자고 얘기한다. 이런 주장을 할 땐 마더 테레사 수녀의 일화를 함께 소개한다.

　　중환자가 넘쳐나는 병원에서 힘들고 고된 간호직을 즐겁게 감당하는 테레사 수녀를 보고 동료들이 물었다. "무엇이 당신을 그토록 즐겁게 일하도록 하나요?" 그러자 테레사 수녀는 동료 수녀들에게 재미있는 과제 하나를 제시했다. 일을 하면서 매일매일 환자나 자신에게서 '문제'가 발생할 텐데, 그때마다 '문제'라는 단어 대신 '선물'이라고 대체해서 말하는 습관을 가져보라는 요청이었다. 예컨대 "어제 201호 환자가 호흡기에 '문제'가 생겼어요!"라는 말 대신 "어제 201호 환자 호흡기에 '선물'이 생겼어요!"라고 말하자는 것이다.

　　다소 황당한 과제에 동료 수녀들과 간호사들은 모두 의

아하게 여겼을 것이다. 그럼에도 불구하고 순진하게 이러한 언어 습관을 만들어나간 사람들은 놀라운 변화를 경험했다. 그저 말로만 '선물'이라고 했던 이들에게 새로운 감사의 마음이 생겨난 것이다. 만약 201호 환자의 호흡기에 문제라고 여겼던 증상이 발생하지 않았다면 오히려 더욱 큰 부작용이 있었을 것이라는 통찰도 생겨났다. 지나고 보면 '문제'가 실제로는 '선물'인 경우가 많았다. 다른 사람으로부터 내게 주어진 문제가 내 안에 있는 성장의 선물로 상상되는 순간, 이러한 말-숨 습관을 실천한 모든 이들에게서 감사와 기쁨이 생겨나기 시작했다. 마더 테레사 수녀의 특별한 언어 습관은 어쩌면 잠자고 있던 영혼을 일깨웠을지 모른다.

젊은 세대에게 펼쳐진 이 세상은 풀기 어려운 문제투성이다. 기후 변화, 환경오염, 물 부족, 건강한 먹거리, 성차별, 세대 갈등……. 지금 우리가 당면한 문제는 실로 무궁무진하다. 창업 전문가들은 사회 혁신을 꿈꾸는 이들에게 세상의 문제를 연구하라고 권고한다. 그런 모든 것들이 곧 비즈니스 기회가 될 것이기 때문이다. 세상의 온갖 문제를 해결하는 일은 어쩌면 우리 모두에게 주어진 풍성한 기회요, 선물일 수 있다. 영혼의 상상은 자신 안에 있는 어떠한 문제나 위기도 자신의 성장을 위해 필요한 에너지원으로 작용할 수 있도록 만든다. 나 자신과의 싸움만 상상하지 말고, 내 안에 주어진 모든 것을 선물로 상상해야 할 이유다.

우주의 시작과
연결되어 있는 나

박사과정 시절에 가족상담을 중점적으로 하는 상담기관에서 인턴과 레지던트 상담사로 일했다. 그때 나는 종교를 가진 이들이 지니고 있는 신의 이미지에 대해 깊은 관심을 기울이게 되었다. 당시 종교심리학 분야에서는, 어린 시절에 아버지와의 관계적인 경험에서 심리적인 어려움이 있는 이들이 훗날 아주 부정적인 신의 표상이나 이미지를 갖게 되는 과정에 대한 연구가 자주 다뤄졌다.

나 역시 그러한 주제의 수많은 연구를 접하던 중에 한 가지 의문점이 생겼다. 일련의 연구들은 지극히 서구적인 신의 개념을 바탕으로 한 것처럼 보였고, 서양에서의 신의 모습은 항상 인간을 꼭 닮아 있다는 강한 전제를 깔고 있었다. 왜 신은 할아버지처럼 수염이 달려 있거나, 아버지 같은 근엄한 남성성을 가지고 있다고 믿는 걸까?

나는 서양과는 달리 동양에서는 이러한 서구적인 신 개념이 반드시 필요한 것은 아니라는 생각이 들기 시작했다. 특히 한국에서는 이런 의인화가 없이도 신을 충분히 상상할 수 있다는 확신이 들었다. 결국 나는 박사학위 졸업논문을 통해 비서구 사회에서는 반드시 의인화된 신의 이미지가 형성되는 건 아니라는 문제 제기를 구체화하기도 했다.

나 자신보다 더 가까이에

수년 전에 졸업을 앞둔 학생이 나를 찾아왔다. 내 수업을 들은 적이 있는 이 남학생은 내 소속 대학인 신과대학 졸업예정자였는데, 외국계 은행에 취업이 되었다고 했다. 꽤 놀랄 만한 일이었다. 당시는 외환위기로 외국계 은행에 취직하기가 하늘의 별 따기처럼 어렵던 시절이었다. 게다가 신학 전공생이 금융 분야에 취업한 것이 의외라고 생각되기도 했다.

나는 마치 내가 취업한 것처럼 학생 앞에서 호들갑을 부리고 있었는데, 웬일인지 학생의 표정은 어두웠다. 단순히 자신의 취업을 자랑하고 지도교수에게 칭찬받기 위해 찾아온 것 같지 않았다. 이 신학생은 자신이 하나님이 원치 않은 일을 한 건 아닌지 모르겠다면서 신학도가 금융 분야에 진출하는 일이 이상하다는 듯이 이야기했다. 가만 보니 그는 내 엄중한 '신학적' 평가를 듣고 싶어 하는 것 같았다. 내 평가는 단호했다.

"너는 정말 엄청난 일을 해낸 거야! 모든 신학도가 꼭 목회자가 되어야 하는 건 아니잖니?"

이렇게 이야기해도 그 학생의 구겨진 얼굴은 펴질 기미가 보이지 않았다. 그는 내게 이렇게 되물었다.

"제가 외국계 은행에 가서 할 일이 있을까요? 저는 경제학보다 신학을 훨씬 더 많이 공부했는데, 하나님이 기뻐하실까요?"

나는 재차 그 학생에게 이렇게 반문했다.

"은행에 다니는 모든 사람들이 다 경제학도는 아니지 않을까? 만약 하나님이 너를 그곳으로 보내신다면 신학 공부를 한 네가 할 일을 마련하시지 않겠니? 분명히 네가 할 일이 있을 게다!"

그 학생은 고개를 갸우뚱하더니 한숨을 쉬듯 힘겹게 말했다.

"교수님 말씀대로 그랬으면 좋겠습니다. 어렵게 취직했으니, 그곳에 가서 열심히 일해보겠습니다."

그로부터 정확하게 한 달이 지난 뒤, 그 학생은 사회 초년생이 되어 다시 나를 찾아왔다. 첫 월급을 탔다면서 내게 작은 선물까지 내밀었다. 그런데도 그의 표정은 도무지 밝아진 것 같지 않았다. 나는 이렇게 취업이 어려운 시기에 정말 장하고 자랑스럽다면서 칭찬 공세를 펴부었다. 그러자 신입 은행원은 이렇게 말문을 떼었다.

"교수님 말씀대로 제가 할 수 있는 일이 있었어요. 은행에 기독교 신우회가 있는데, 성경공부 리더를 모집하더군요. 자신은 없었지만 지난 몇 주 동안 제가 자원해서 성경공부 리더를 하고 있어요."

나는 내 예측이 꼭 들어맞은 것을 내심 흐뭇해하면서, 신나게 말을 받았다.

"거봐! 은행에도 신학을 공부한 네가 할 일이 있을 거라고 내가 그랬잖니?"

그러나 그 졸업생은 또다시 시무룩해지더니 이렇게 말을 이었다.

"그런데요……. 제가 영어가 부족해서 그런지 영어로 하는 성경공부 진행을 여전히 제대로 못 하고 있는 것 같아요. 그리고 제가 아무리 신학 공부를 했어도, 성경에 대한 지식이 너무 부족한 것 같아서요. 자꾸만 이렇게 하는 것이 하나님께 죄를 짓는 일 같아요."

나는 속으로 버럭 화가 치밀었지만 애써 참으며 이야기했다.

"아무래도 네가 느끼는 하나님과 내가 느끼는 하나님이 많이 다른 것 같다."

그 졸업생은 갑자기 놀란 토끼 눈을 하고 물었다.

"느끼는 하나님이라고요?"

그는 하나님을 무조건 믿음의 대상이라고만 생각하는 것 같았다. 아무리 신적 대상이라도 우리의 감정적인 경험과 결코 무관할 수 없는데 말이다.

나는 일단 그에게 눈을 감으라고 했다. 그리고 내가 늘 강조하듯이 긴 숨을 쉬어보라고 했다. 특히 깊은 날숨을 여러 차례 내쉬도록 했다. 그러고는 눈을 감은 채로 자신의 모습을 바라보라고 주문했다.

"분명히 너를 내려다보는 하나님이 어딘가에 있을 거야. 그분의 표정을 한번 바라봐라. 아마도 그분 표정이 무지하게 험상궂을 거다. 분명히 너를 무섭게 노려보고 있을 거야!"

나는 그런 하나님의 모습이 보이느냐고 물었다. 그 졸업생은 힘겹게 고개를 끄덕였다. 나는 그에게 이렇게 말했다.

"그 하나님은 어쩌면 진짜 하나님이 아닐 수 있어! 그 하나님은 네가 억지로 만든 하나님의 모습일 수 있다고. 아마도 어떤 사람들이 만들어준 하나님의 모습일 수도 있지."

한참 지난 후에야 나는 그에게 내가 느끼는 하나님의 모습을 말해주었다.

"그런데 말이야, 내가 느끼는 하나님은 조금 달라. 너로 인해 아주 행복하고 너를 장하다고 느끼실 것 같아. 어떻게 아냐고? 내가 너를 보면 너무 자랑스럽고 이렇게 기쁨이 생기는데, 하나님도 크게 다르실 것 같지 않거든. 더욱이 그분이 너에게 생명을 부여하신 존재라면 말이야!"

꽤 긴 침묵이 흐르고 난 뒤, 그 졸업생은 내 연구실을 나섰다. 이튿날 나는 그에게서 아주 긴 이메일을 받았다. 그가 쓴 글의 일부는 아래와 같았다.

"정말 단 한 번도 그런 상상을 해보지 않았어요. 제가 만들어낸 하나님의 이미지가 있었다는 사실을 전혀 알지 못했습니다. 교수님 말씀처럼 저를 노려보는 하나님의 모습이 실은 저의 아버지 모습이라는 것을 알게 되었어요. 아버지는 시골 교회 목회자로 사시면서 제게 목회자의 길을 가도록 평생 기도하신 분이었지요. 제가 목사가 되지 않은 것을 두고 매우 실망하셨고요."

그는 자신을 자랑스러워하는 하나님의 모습을 처음으로 상상할 수 있게 된 것 같았다. 이는 나의 상담이나 멘

토링 때문이 아니다. 한 번도 제대로 활동하지 못했던 그의 영혼이 한 일이었다. 그의 영혼은 그에게 처음 생명의 숨을 주고 기뻐했던 태초의 신(神)을 상상하도록 했다. 그의 내면에서 그를 힘들게 만든 '인간 닮은 하나님'으로부터 해방된 순간이기도 했다.

13세기 말 독일의 신비주의 철학자 마이스터 에크하르트(Meister Eckhart)는 인간이 가진 영혼의 불꽃은 스스로 신과 합일하게 만든다고 믿었다. 에크하르트는 안타깝게도 그의 시대에는 이단으로 정죄된 비운의 철학자다. 만약 그가 지금 살아 있었다면 아마도 내가 만난 졸업생과 같은 젊은 세대에게 꼭 필요한 상담자나 멘토가 되었을지도 모른다.

에크하르트는 특별한 영혼의 상상을 했던 인물이었다. 그는 신과의 합일을 이렇게 설명했다.

"신은 내가 나 자신에게 가까운 것보다 더 가까이 계신다. 신은 우리에게 가까이 계시나 우리는 그분에게 멀리 떨어져 있다. 신은 안에 계시나 우리는 밖에 있다. 신은 우리의 고향에 계시는데 우리는 멀리 이국을 떠돌고 있다."

신의 존재를 믿지 않는 이들이라도 모두가 다 신비스러운 생명의 주인공들이다. 숨을 쉬는 한 그 누구도 이러한 신비의 중심에서 벗어날 수 없다. 누구나 숨을 쉬는 동안에는 태초의 숨을 이어가고 있는 중이고, 모든 생명체를 비롯해 우주와 그 숨을 나누고 있는 중이다. 생명의 숨 안에서 우리는 신과도 하나가 될 수 있고, 신비스러운 존재의 주인공이 될 수 있다.

창발성과 창조성의 신비

천체물리학자들이나 생물학자들은 '창발성'이라는 개념을 자주 언급한다. 설명하기 어려운 개념이지만 간단히 어원적으로 풀어 말하자면, '창+발+성'이란 알 수 없는 새로운 창조의 속성이 발현하는 과정적인 특성을 의미한다. 앞서 말했듯이 '발현속성'이라고 부르기도 한다. 이는 예측할 수 없는 새로운 것이 발현되는 '창조성'의 원리로, 과학자들이 물질과 생명의 기원이나 진화를 설명할 때 자주 사용하는 개념이다. 예컨대 물질과 물질이 만나서 완전히 새로운 성질의 물질이 생겨나는 이유는 뭘까? 구리와 주석이 만나 청동이 된다. 물렁한 두 물질이 합해져서 딱딱한 새로운 성질이 발현되는 힘을 창발성이라 부른다. 이러한 발현속성이 생기는 이유에 대해서는 아직까지 과학적으로 설명이 불가능하다.

우주의 진화를 설명하는 이론에도 창발성에 대한 설명이 등장한다. 우주를 구성하는 수많은 물질 가운데 최초의 물질은 무엇일까? 수소와 헬륨이라고 알려져 있다. 우주에서 가장 많은 원소가 수소다. 빅뱅 때는 수소와 헬륨, 그리고 리튬이라는 세 가지 원소만이 생성되었다고 한다. 화학자들은 더 이상 나눌 수 없는 최소의 물질인 원소를 기호로 만들고 원자번호를 붙여서 연구하기 시작했다. 수소를 원자번호 1번으로, 헬륨을 원자번호 2번으로 붙였다. 당연히 리튬은 3번이 되었다. 수소, 헬륨, 리튬 이외의 나머지 원소들은 빅뱅 이후 만들어진 수많은 별이 최후를 맞는 초신성 폭발 과정에서 생성되었다고 한다. 그렇다면 지구에서 가장 많은 원소는 뭘까? 바로 산소다. 산소 다음으로 많은 원소는 탄소다.

공교롭게도 지구에 거주하는 우리 인간의 몸을 구성하는 물질 중 가장 많은 원소는 지구의 구성 요소와 똑같다. 산소가 가장 많고, 그다음은 탄소(18퍼센트)라고 한다. 시카고대학교의 고생물학자 닐 슈빈(Neil Shubin) 교수가 지구에 존재하는 모든 원소와 인간의 몸은 깊은 차원에서 서로 연결되어 있다고 주장하는 이유다.

나는 국내의 대표적인 천문학자인 연세대학교 이영욱 교수로부터 흥미로운 이야기를 들은 적이 있다. 그는 신이 사람을 흙으로 만드셨다는 이해는 충분히 성서적이지 않다고 말한다. 히브리 성서의 원어를 살펴봤을 때 땅의 먼지(dust of the ground)로 만드셨다고 되어 있다는 점에 착안한 주장이다. 전통적으로 성서해석자들은 '땅의 먼지'보다는 '흙'으로 의역해 이해해온 것이 사실이다. 이영욱 교수는 '땅의 먼지'를 단순히 흙이라고 전통적으로 해석하기보다는 지구를 구성하는 물질인 산소와 탄소로 인간의 몸이 구성되었다는 의미로 설명하고자 한다. 그래서 '우리는 모두 별에서 왔다'는 문학적 표현이 과학적으로도 증명된다. 인간의 몸을 구성하는 요소로 보면, 과학적으로 '우주의 먼지' 혹은 '지구라는 한 별의 먼지'로 만들어졌다는 이해가 가능해진다.

한데 어느 유능한 과학자에게 인간의 몸을 구성하는 원소를 모두 제공한다고 해서, 인간이 살아 있는 생명체로 발현될 수는 없다. 물질을 살아 있는 생명체로 만드는 신비는 어느 과학자도 과학적으로 설명하지 못하고 그저 신비로 인정할 수밖에 없다. 바로 이러한 물질과 물질이 만나 생명체가 되는 신비를 바로 '창발성'이라 부르고, 이것은 신학적으로는 '창조성'이라고 부를 수 있다.

하버드대학교의 신학자 고든 카우프만(Gordon Kaufman)은 신을 인간과 꼭 같은 모습으로 이해하는 신인동형론적인 이해를 강력하게 비판하고, 이러한 인간중심적인 이해는 우주의 진화를 과학적으로 받아들이는 수많은 현대인들에게 더 이상 설득력이 없다고 주장한 바 있다. 그는 현대 천체물리학자들조차 겸손해하는 창조성의 신비 앞에서 기독교인들도 좀 더 겸손해지자고 역설적으로 제안했다.

카우프만 교수는 다소 과격한 주장을 제시했다. 기독교인들이 신을 창조주(creator)라고 하는 인격적인 대상으로만 상상할 것이 아니라, 신을 우주와 삼라만상 그리고 우리 인간을 살아 있게 하는 창조의 영, 창조성 그 자체로 상상하자고 이야기한 것이다. 나는 그의 신관(神觀)이 오늘날의 우리에게 충분히 근거와 힘을 주는 진리라고 생각한다.

우리의 영혼은 언제 생긴 걸까? 나는 과학과 진지하게 대화하려고 노력하는 신학자로서 영혼은 빛이 생기기 전부터 있었으리라 굳게 믿는다. 영혼은 어쩌면 창조된 무엇이기보다는, 태초부터 존재했던 신의 영으로부터 연결된 끈인지도 모른다. 물론 증명할 방법은 없다. 그렇다고 기죽을 일도 아니다. 아인슈타인 이후 최고의 과학자라고 칭송받는 스티븐 호킹(Stephen Hawking)도 빛이 생기기 전에 생긴 일은 그저 신비로 남겨두자고 했으니 말이다.

　나는 숨을 쉬면서 자주 이런 상상을 한다. 140억 년 전 우주의 중심에 태초부터 계셨던 하나님의 영이 바로 지금 여기에 나를 살아 숨 쉬게 하고 또 다른 창조를 이어가고 있다고. 140억 년 전 시작한 우주 진화의 시간 안에 나의 몸을 구성하는 물질도, 그리고 나의 영혼도 아주 중요한 부분으로 자리 잡고 있다.

　나는 가끔씩 인간의 시간으로 그리고 나의 성급한 계획으로 마음이 조급해질 때마다, 짧은 시간 안에 내 뜻이 이루어지지 않는다고 포기하고 싶을 때마다 우주의 시작과 연결된 내 영혼을 느껴본다. 영혼의 끈으로 인해 나는 지금 당장 끝나버릴 것만 같은 현재의 시간을 거슬러 올라

가 아주 멀고도 먼 우주의 시작까지 되돌아가보는 상상을
한다. 그리고 지금 내가 호흡하는 숨은 우주가 생겨났을
때부터 시작된 창조성의 숨이라는 생각에 빠져본다. 우주
의 시작을 아는 신과의 접촉점이 바로 내 안에 숨 쉬는 영
혼이기 때문이다.

| 감사의 말 |

이제 어느덧 나이가 50대에 접어들었지만, 아내와 나는 여전히 연애 시절처럼 서로를 '자기'라고 부르고 있다. 부부의 연을 맺고 지금까지 25년 동안 한결같은 나의 '자기'로 함께 살아온 아내 이윤숙 님에게 이 책을 바치고 싶다.

그녀와 본격적으로 만나기 시작했을 때 나는 시집 한 권을 선물했다. 책 제목으로 내 속마음을 고백하고 싶었기 때문이다. 《나도 보이지 않는 곳에서 너만큼 기다렸다》라는 시집이었는데, 이생진 시인이 1975년에 펴냈던 시집 《자기自己》를 1980년에 다시 출간한 책이었다. 시집은 '자기'라는 소제목을 붙인 77편의 시를 담고 있었다.

　나는 아내에게 선물로 준 시집의 맨 앞 장에 이생진 시인의 시 한 편을 적었다. 〈부재〉라는 제목의 시였다.

　　나를 있게 하던 그 사람이

　　나를 없게 하던 그 날부터

　　내가 찾아다니던 것은 그 두 사람

　　나보다 더 찾고 싶은 것은

　　나를 있게 하던 그 사람

　"자기, 나를 언제나 있게 해준 자기로 살아줘서 정말 고맙습니다. 사랑합니다!"

나도 나를 모르겠다

1판 1쇄 발행 2018년 11월 14일
1판 3쇄 발행 2021년 4월 26일

지은이 권수영
펴낸이 고병욱

기획편집 허태영 김경수
마케팅 이일권, 한동우, 김윤성, 김재욱, 이애주, 오정민
디자인 공희 진미나 백은주 **외서기획** 이슬 **제작** 김기창
관리 주동은 조재언 **총무** 문준기 노재경 송민진

펴낸곳 청림출판㈜
등록 제1989-000026호

본사 06048 서울시 강남구 도산대로 38길 11 청림출판㈜ (논현동 63)
제2사옥 10881 경기도 파주시 회동길 173 청림아트스페이스 (문발동 518-6)
전화 02-546-4341 **팩스** 02-546-8053

홈페이지 www.chungrim.com
이메일 redbox@chungrim.com
인스타그램 www.instagram.com/redboxstory

ⓒ 권수영, 2018

ISBN 979-11-88039-27-2 (03180)